장익 주교와 한국 교회건축

장익 주교와 한국 교회건축

초판 2쇄 발행 | 2021년 08월 31일

편저자 | 김정신
발행인 | 한명수
편집자 | 이향란 김유리
디자인 | 이선정 김수진
발행처 | 흐름출판사
주소 | 전북 전주시 덕진구 정언신로 59
전화 | 063-287-1231
전송 | 063-287-1232
홈페이지 | www.heureum.com
이메일 | hr7179@hanmail.net

ISBN 979-11-5522-284-3 03600

값 20,000원

출판 승인: 천주교 전주교구 No.2021-5

저작권법에 의해 보호를 받는 저작물입니다.
무단 전재와 복제를 금합니다.

장익 주교와 한국 교회건축

|전례공간의 뜻과 쓸모와 아름다움을 찾아서|

장익張益 주교

김정신 편저

흐름

『장익 주교와 한국 교회건축』을 발간하며

장익 주교님과의 인연은 1988년 가을, 박사학위논문 심사위원으로 모시고자 연락드리면서 시작되었다. 그땐 서울대교구 사목 연구실장으로 계실 때인데, 교회사연구소 최석우 신부님이 당신보다는 장익 신부님이 더 적격이라고 사양하셔서 조심스럽게 전화 드렸던 기억이 난다. 건축에 대해 아무것도 모른다는 말씀과 함께 찾아뵙겠다는 인사도 거절하셨다. 그땐 너무도 냉정하고 단호한 말씀의 차가운 어른으로 느껴져 다시 뵈올 일이 없을 줄 알았다. 그러나 논문 준비 과정에서 가장 큰 도움을 받았던 "영원의 모습"(한국 천주교 200주년 기념 현대종교미술전, 1984.7.21~9.14)과 『거룩한 표징들』(과르디니 저, 장익 역, 1976)을 통한 인연은 주교님이 춘천교구장으로 가신 첫해부터 춘천교구 건축위원으로 봉사하면서 계속되었다.

한 달마다 열리는 춘천교구 건축위원회는 종교건축과 전례에 대한 시각을 넓히는 정말 즐거운 시간이었다. 매 위원회가 끝나면 주교관에서 참석 신부님들과 함께 점심식사를 하는데, 주교님께서 그렇게 격의 없이 토론하고 담소를 나누는 모습은 잊을 수 없다. 아마 세계 어느 주교님도 그렇게 하시지는 않으실 것 같다. 그동안 교회건축과 전례에 관한 7권의 책을 썼는데, 첫 책인 『유럽 현대 교회건축』(가톨릭출판사, 2004)을 출판할 때의 일이다. 당시 승진 심사를 위한 연구 업적 때문에 2개월의 여유를 두고 가톨릭출판사에 출간을 의뢰하였다. 그런데 가톨릭대학교 전례학 교수님의 감수를 받아야 하는데, 방학으로 해외에 계셔서 올해 안으로 책을 낼 수 없다는 것이었다. 낙심하고 있던 차에 출판사 이귀련 부장이 장익 주교님의 추천을 받을 수만 있다면 가능할 것이라는 귀띔을 해 주었다. 용기를 내어 주교님께 부탁드렸는데 한마디로 거절하셨다. 당신은 건축에 대해 문외한이며 읽어도 잘 모르신다는 것이었다. 갖고 갔던 가제본 책을 두고 왔는데, 1주일 후에 연락이 왔다. 인용한 서적과 저자의 원명, 철자 틀린 것까지 온 페이지가 새까맣게 지적한 내용으로 가득했다. 감사하게도 추천사까지 써 주셔서 무난히 출판될 수 있었다. 20여 년간 교회 건축사 연구에 매달린 끝에 서광曙光이 비치기 시작하는 느낌이었다. 그 후로 나의 책 3권의 추천사를 더 써 주셨다.

주교님께서는 전례와 예술에 대한 많은 글과 저술을 남기셨다. 분도출판사와 가톨릭출판사, 들숨날숨출판사 등에서 발간한 책이 번역서 15권, 저서가 19권이다. 삽화를 곁들인 쉬운 문장으로 된 책들이다.

은퇴하시기 전해에 내게 주신 선물이 있었다. 비서 수녀님이 열심히 입력하고 계셨던 장익 주교님의 글 모음 CD였다. 그 속에는 주교님이 쓰시고 발표하셨던 글이 수록되어 있는데, 서문序文, 발문跋文, 기記, 평評, 사辭 등 17개 유형으로 분류되어 있고 글제목만 30쪽이 넘었다. 2005년 가톨릭미술상 제정 10주년 기념 문집인 『마음과 모습』에 담긴 20편의 글을 편집한 적이 있는데, 1장에 소개한 글은 이 중에서 건축에 관련된 글을 뽑고 보충한 것이다. 주교님의 글은 편안하고 읽기 쉬웠지만, 그 뜻을 제대로 이해하기는 만만치 않았다.

주변에 주교님을 따르고 사적 또는 공적인 인간관계를 맺은 사람이 적지 않다. 특히 종교·문화·미술계의 인사들이 주교님이 소천하심을 아직 실감하지 못하고 있다. 그 아쉬움을 담아 제2장은 장익 주교님이 남기신 자취를 추앙하고 기리는 글을 실었다.

제2차 바티칸공의회(1962~1965)가 열린 지 56년이 지났다. 요제프 라칭거Joseph Ratzinger(1927~)* 신부는 전례 개혁의 핵심적인 역할을 한 후에 교황 베네딕토 16세가 된다. 나는 학위논문을 준비하는 과정에서 그의 책(영어 또는 일본어로 번역된)들을 읽었는데, 후에 요제프 라칭거 신부와 장익 주교님이 서로 비슷하다는 생각을 하게 되었다. 요제프 라칭거 신부는 극적인 카리스마는 없지만 명석하고 신념이 강한 학자이며 유능한 행정가로 일곱 개의 명예박사학위를 받았다. 모국어인 독일어뿐만 아니라 10개국 언어로 소통할 수 있을 만큼 뛰어난 능력을 갖춘 인물이었다.

장익 주교님이 번역한 베네딕토 16세의 저서 『그리스도 신앙』(어제와 오늘, 1974)와 『사랑의 성사』(2007)는 현대 교회건축의 가이드라인을 제시한 것으로 성당을 설계하고자 한다면 꼭 읽어야 하는 책이다.

우리 교회는 건축에는 많은 예산과 정성을 쏟지만 건축 후 관리에는 별 신경을 쓰지 않는다. 특히 오래되거나 문화재로 지정된 건축물은 문화재 당국의 예산 지원만 요청할 뿐, 체계적인 보존관리는 무관심한 게 사실이다. 2020년 말 현재 본당만 1,777개소로 1985년 692개소에 비해 2.5배 늘었다. 이는 제1·2차 세계대전 후 독일의 교회건축(천주교) 숫자 약 1,500개와 국토 면적과 인구수를 감안하여 우리와 비교하면 지난 30여 년간 독일의 2배에 달하는 교회가 신축된 셈이다. 하지만 아직도 혜화동 성당이나 절두산성당을 능가하는 현대 성당건축물을 갖지 못하고 있다. 주교님은 건축을 비롯한 천주교 문화유산 관리에 남다른 관심을 갖고 계셨다. 재임 기간 중 5개의 성당건축이 국가 등록문화재로 지정되었고(현재 7개 등록), 본당이 39개에서 58개로 늘었다. 재임 기간 중 신축한 성당은 17곳에 달한다. 그 17곳을 설계한 건축가는 7분이다. 그중 두 분이 젊은 나이에 세상을 떠나셨다. 삼가 명복을 빈다. 3장에서는 신축 성당의 소개와 설계자의 건축 개념concept을 실었다.

장 주교님은 영어·독일어·이탈리아어 등 10개 국어를 자유자재로 구사하면서도, 이를 뽐내거나 내세우지 않으셨다. "어려서부터 이 나라 저 나라 전전하며 공부했고 말을 안 배우면 낙제하고 쫓겨나니까 그렇게 주워들은 것일 뿐"이라며 늘 자신을 낮추셨다. 선종하기 얼마 전까지도 일본어 개인 교습을 받을 정도로 어학 공부에 열심이셨다. 그렇게 배운 언어는 외국 교회 용어들을 한국어로 바꾸는 '신앙 토착화' 도구로, 성인들의 삶과 신앙을 담은 책을 우리말화하는 '영성 서적 번역' 도구로 사용하셨다.

유약무 실약허 有若無實若虛
(가지고 있으면서도 없는 것처럼 여기고, 가득 차 있으면서도 텅 빈 것처럼 여긴다.)

주교회의 의장 김희중 대주교는 강원도 춘천 죽림동 주교좌성당에서 거행된 장익 주교 장례미사에서 이 고사성어를 언급하셨다. 겸손한 성품을 의미하는 이 말처럼 장 주교님은 생전 자신을 과시하거나 드러내 보이는 것을 극히 꺼렸고, 오히려 자신의 학식과 덕을 감추고 언제나 낮은 곳에 임하신 예수님을 닮으려 노력하셨다.

주교님의 영원한 안식을 기원하며 …

2021. 8.

김정신│단국대학교 명예교수, 서울시 건축분과 문화재위원장

---

*요한 바오로 2세의 뒤를 이어 제265대 교황에 오른 독일 출신 교황(베네딕토 16세)이다. 엄격한 교리 해석과 강한 보수주의자로 평가받는 그는 1946년부터 독일 뮌헨대학과 프라이싱대학에서 철학과 신학을 공부하였다. 1951년(24세) 사제품을 받고, 1953년 신학박사학위를 받았다. 1967년 대학교수 자격을 취득하여 1969년까지 프라이싱, 본, 뮌스터, 튀빙겐대학 등에서 교리와 신학을 가르쳤으며 레겐스부르그대학 부총장을 역임하였다. 제2차 바티칸공의회에 참여하였던 요제프 프링스 추기경은 라칭거를 그의 자문역으로 발탁하였으며, 요한 바오로 2세는 그를 교황청 신앙교리성성 수장으로 임명해 정통 교리의 수호자로 삼았다. 1977년 추기경에 임명되었으며, 2005년(79세) 교황에 올랐고, 2013년 사임하였다.

장익 십자가의 요한 주교의 선종 1주기를 맞으며

장익 십자가의 요한 주교님께서 춘천주교로 부임하기 한 해 전, 가톨릭 미술가회 회원들과 가톨릭 종교건축에 대한 자성을 주제로 한 세미나를 가졌다. 장익 주교님은 그 자리에서 "종교적인 공간이 사람들에게 미치는 영향에 대해 우리 모두 재인식할 때가 왔다"라고 강조하셨다. 그리고 1994년 10월 23일부터 11월 30일까지(춘천주교 임명 후에도) 6회에 걸쳐, 「성당 내부-뜻과 쓸모와 아름다움을 찾아서」라는 제목으로 전례공간에 대한 생각을 『평화신문』에 연재하셨다. 그 글 중에서 아래의 내용을 소개하고자 한다. 성당건축을 하실 분들이라면 한 번쯤 읽어 보아야 할 글이다.

> 성당은 별천지 같은 궁전인가, 그저 모여서 듣고 기도하는 집회소인가, 이승 길손들의 장막인가, 아무나 범접 못 하는 신비로운 곳인가, 버려진 이도 편히 깃드는 사랑방인가, 밥상을 가운데로 식구가 모이는 잔칫집인가? 뜻있는 집, 그 속뜻을 알아차릴 수 있는, 그냥 건물이 아닌 그런 집이 아쉽다. 또 진정한 아름다움과 쓰인 자재의 가격과는 전혀 별도의 일이 아닐까. 나아가서 집이 집이라면 식구들끼리 되도록 잘 어울릴 수 있고 모두 하나 되어 행동하기에 걸맞아야 함은 당연하지 않을까?

장익 주교님은 이러한 자성을 생각과 글로만 끝낸 것이 아니라, 춘천

주교로 재임하는 동안 강원도 곳곳에 뜻과 쓸모와 아름다움을 찾을 수 있도록 성당과 교회건축물 19곳을 중창·신축하셨다.

건축은 물론 회화와 조각에 대해서도 남다른 안목을 지니셨던 장익 주교님은 주님의 집인 전례공간을 아름답게 꾸미기 위해 여러 예술가의 목소리에 귀 기울이셨다. 또한 『주님의 집, 우리의 집』이라는 책을 발간해, 주님의 집을 구성하고 있는 예술품들에 대해 누가, 무엇으로, 언제, 어떻게 만들었는지 자세히 설명해 놓으셨다.

그러나 그 예술품들이 담겨 있는 건축물에 대한 기록은 정리되지 않아 아쉬운 마음이 있었다. 그런데 주교님 선종 1주기를 맞아 생전에 함께 뜻을 나누시던 김정신 선생이 주관하여, 춘천교구의 성당건축에 애쓰신 건축가들과 함께 『장익 주교와 한국 교회건축』이라는 책을 만든다니 반가운 마음이다. 그동안 알려지지 않은 장익 주교님의 예술과 건축에 대한 글과 장 주교님과 인연을 맺었던 분들의 회고, 그리고 교회건축에 대한 고뇌어린 건축가들의 생각을 담은 책을 곧 만날 수 있다는 행복한 마음으로, 책을 내는 동안 애쓰신 모든 분께 감사를 전한다.

2021. 8.

춘천교구장 김주영 시몬

차례

『장익 주교와 한국 교회건축』을 발간하며 | 김정신 / 4
장익 십자가의 요한 주교의 선종 1주기를 맞으며 | 김주영 / 8

1_장익 주교님 글 모음

영원의 모습 찾아	14
교회 안에서의 권위	18
'道人' 崔鍾泰	23
李南奎 선생을 생각하며	29
교회와 미술가는 서로 필요하다	33
가톨릭미술상의 취지	38
아름다움이 세상을 건지리라	40
가톨릭 성당건축전에 부쳐	42
창작과 신앙	45
성당 내부-뜻과 쓸모와 아름다움을 찾아서	50
종교미술의 어제와 오늘	67

2_장익 주교님을 기리며

공경하올 장익 십자가의 요한 주교님께 드리는 송사 | 임홍지	86
주교님을 만나서 함께한 시간 | 최종태	93
장익 주교님을 기리며 | 권영숙	100
장익 주교님 | 김 원	102
내 기억 속의 그분 | 조 광	116
가까이하기에 너무 어려웠던 그리운 사목자 | 김영섭	124
유소년기에 살았던 장면 가옥 | 김정신	130

3_장익 주교 재임 기간 건축 성당

죽림동 주교좌성당 중창 및 말딩회관 | 김 원	136
갈말성당 | 김창수	144
애막골성당 | 김창수	148
화천성당 | 김창수	152
초당성당 | 김영섭	156
천주교 춘천교구청 | 김창수	162
간성성당 | 김정신	168
퇴계성당 | 최익현	172
신남성당 | 김창수	176
스무숲성당 | 김창수	182

강촌성당 | 김창수　　　　　　　　　　　　188

솔올성당 | 최익현　　　　　　　　　　　　192

소양로성당 | 김정신·장명학　　　　　　　196

내면성당 | 신근식　　　　　　　　　　　　204

솔모루성당 | 김창수　　　　　　　　　　　212

한삶의 집 | 김창수　　　　　　　　　　　　216

거두리성당 | 김정신　　　　　　　　　　　220

부록

춘천교구 인장 소개 / 228

춘천교구 문장 뜻풀이 / 230

장익 주교 약력 / 231

장익 주교 전례·건축·미술 관련 저·역서 / 234

1
========

장익 주교님 글 모음

영원의 모습 찾아
교회 안에서의 권위
'道人' 崔鍾泰
李南奎 선생을 생각하며
교회와 미술가는 서로 필요하다
가톨릭미술상의 취지
아름다움이 세상을 건지리라
가톨릭 성당건축전에 부쳐
창작과 신앙
성당 내부-뜻과 쓸모와 아름다움을 찾아서
종교미술의 어제와 오늘

영원의 모습 찾아

가톨릭미술가협회, 『영원의 모습』(한국 천주교 200주년 기념·현대 종교미술전, 1984.7. 21~9.14 국립현대미술관), 분도출판사, 1984, 10~11쪽.

한 삼 년 전, 올해에 맞을 한국 천주교 200주년을 앞두고 이를 계기로 하나의 국제종교미술전을 열 수 있다면 그 보람과 뜻이 더하지 않겠느냐는 의사가, 해마다 자체 회원전을 갖는 서울가톨릭미술가회 안에서 무르익던 기억이 어제 같다.

이백 주년을 맞는 것은 비단 천주교회뿐 아니라, 동서의 깊은 만남에서 비롯되어 오늘의 격변기에 이른 우리의 온 겨레라고 생각된다. 그렇게 본다면, 각 정신문화에 고유한 값진 것이 인류 전체의 유산으로 넓혀지는 그런 만남에서, 우리는 무엇을 받아들여 얼마나 내 것으로 화化했으며, 얼마나 참된 내 말을 거기서 창출하고 있는가를 확인해야 할 때라고도 하겠다.

그러기 위해서는 서로 거울이 되는 국제전이라는 폭넓은 테두리가 바람직했거니와, 우리나라에 아직 알려지지 않은 유럽의 실로 다양한 종교미술을 널리 보이기 위해서도 필요했던 것이다.

이제 드디어 '영원의 모습'이라는 이름으로 종교미술전이 열린다. 그러나 그 이름부터가 또다시 물음이 된다. 영원에 어찌 모습이 있으며, 또 어느 모습이 가히 영원을 담겠는가. 그래서 유대교나 회교回敎 같은 경우는 아예 그 어떠한 모습도 그리기를 엄금했다. 또 어떤 종교들은 무無를 궁극으로 깨달아 왔다. 그려 놓은 것을 실상實相으로 여겨 거기 묶일까 해서일 것이다.

반면, 심상心像 없이는 못 사는 게 인간이다. 선사先史의 석굴에서부터 무엇을 그리든 그려야 하는 게 사람이었다. 이처럼 '그림'과 '그리움'이 같은 한마디 말을 이루고 있는 게 우리 마음이다. 때로는 한 포기 풀에서도 온 우주를 볼 줄 아는 것 또한 인간뿐이기 때문이리라.

그래서인지 문자를 비롯하여 춤·조각·연극·시·음악·그림 모두가 이루는 예술 표현이 그 원천으로 소급하면 종교심과 한 샘에서 비롯함을 인류문화사 어디서나 볼 수 있는 것이다. 자아自我를 부단히 초탈해야만, 끝없는 구도求道에서만 제 자신일 수 있음을, 자기를 송두리째 내놓아야만 비로소 참 나를 찾아 얻음을 체현하려는 뜻은 종교와 예술 양자에 공통되는 본질이라 하겠다.

종교와 예술 서로가 그 원천에서 이미 이처럼 상통하기에 역사상 둘이 하나로 얽혀 온 사실도 우연은 아닌 것으로 여겨진다.

그렇다면 굳이 종교예술이라고 따로 이름 지어 부르는 것은 무엇인가. 불상이나 십자가상처럼 특정 종교의 교리나 의식儀式에 직결되는 무엇을 뜻하는가. 선화禪畵에서처럼 감 서너 개를 나란히 놓고 그린 것은 종교미술이 아니란 말인가. 어려운 물음이다. 하여간, 베로니카의 수건 이래, 후라 안젤리코[1]같이 그 기도하는 신심이 곧 그림이 된 이도 있는가 하면, 루오나 마티스같이 그림의 추구가 궁극에는 오히려 종교심으로 이끌어 간 이들도 있음을 본다. 또 태어나는 순간부터 죽어 묻히기까지 인간의 삶은 어떠한 양상으로든 온통 종교심에 감싸여 있고, 삶을 통째로 말하지 않으면 예술이 못 된다고들 한다.

이처럼 종잡을 수 없으리만큼 다양하고 다차원적인 것이 종교미술이라면, 어찌 그것을 하나로 묶어 전시할 수 있겠는가. 물론 몇몇 유명한 인기 품목만을 위주로 손쉽게 될 수 있는 일은 결코 아니다. 오히려 오늘

1 후라 안젤리코(Fra Angelico, 1390~1455)는 프레스코화에 뛰어난 이탈리아 르네상스 시대의 화가이다. '천사와 같은 수도사'로 불리었고, 후에 피렌체 근교 산 도미니코수도원의 수도원장이 되었다.

을 사는 우리로서는, 더 이상 그리스도교 일색이 아닌 현대 유럽이라는 다원사회에서 우리와 같은 격변기를 살면서도 깊은 뿌리를 지닌 채 독창적이고, 또 작가 개인으로서는, 협의의 교회미술가라기보다는, 우선 미술 그것에 정진하는 가운데 넓고 깊은 의미의 종교성을 진실로 드러낸 뛰어난 예술인들의 세계를 엿볼 수 있는 자리를 마련해 보아야 했던 것이다.

그것은 실제에 있어, 시기적으로는 제1차 세계대전 이후 지난 60여 년에 걸친 작품 세계 중에서의 선택을 의미하였다. 또 지역적으로는 바티칸 소장품 중에서는 조각을, 프랑스 작품 중에서는 유리화와 판화를, 그리고 독일에서는 교회건축 및 그와 상관되는 기물을 위주로 선택함이 각 지역의 특장特長을 더 뚜렷이 보여 주는 자연스러운 길로 드러났다. 그리하여 조각·색色·공간 이 세 가지가 각기 주축을 이루게 된 셈이다.

그 결과 바티칸 현대미술관에서는 이태리 현대조각을 대표하는 파치니·만쑤·그레코·밍굿씨·마리니·멧씨나 등 거장들의 조각품과 소묘를 위주로, 우리에게는 다소 생소하나 탁월한 피란델로와 젠틸리니의 유화, 카소라티의 판화, 아베날리의 섬유, 비안치니의 도자 작품 등이 보태졌는데, 그중에서도 파치니[2]의 「부활」 같은 경우는 작가 필생의 결실을 말하는 걸작이다. 이 밖에도 바티칸에 광범위하게 소장된 타국의 작품 중 샤갈[3]·마티스·놀데·클레·마넷씨에·미르코·후지타·벤 샤안 등의 명작도 있어 함께 균형을 이루고 있다.

프랑스에서는 작가 자신의 전기轉機를 의미했던 샤갈의 「푸른 유리화」를 비롯, 마넷씨에·바셴·보댕·뽈리아코프 등의 유리화 역작과 밑그림을 위주로, 앗씨 성당이 의미하는 움직임과 이어지는 일련의 작가가 모여 있다. 그중에서도 특히 루오[4]와 마티스[5]가 큰 비중을 차지하는바, 루오 필생의 대작인 「미제레레」와 샤갈의 「성경」은 둘 다 수십 년에 걸친 창작의 열매로 여기 처음으로 한자리에 놓이면서 동판화 극치의 쌍벽을 이루고 있고(바티칸 소장 마넷씨에의 색 동판화 연작 「부활」 참조), 방스 성당을 위한 마티스의 「검은 제의」(바티칸 소장 「보라 제의」 참조)와 소

2 페리클레 파치니(Pericle Fazzini, 1913~1987)는 이탈리아의 화가이자 조각가이다. 그의 대규모 작품인 「La Resurrezione(부활상)」은 바티칸시국의 바오로 6세 알현실에 설치되어 있다. 파치니의 초기 작품은 대부분 나무로 조각된 부조 조각품이었다. 바로크에서 영감을 받아 움직임과 가소성에 중점을 두었으며 '미완성'이라는 개념과 가소성에 대한 관심이 강했다.

3 마르크 자하로비치 샤갈(Marc Zakharovich Chagall, 1887~1985)은 러시아 제국(현 벨라루스)에서 태어난 유대계 프랑스의 화가이다. 밝고 몽환적인 초현실주의 그림들로 유명하다. 판화에도 뛰어난 재능을 보였는데, 특히 성서 이야기를 소재로 한 걸작 동판화를 남겼다. 파블로 피카소와 함께 20세기 최고의 화가로 불린다.

4 조르주 앙리 루오(Georges-Henri Rouault, 1871~1958)는 프랑스의 화가, 판화가이다. 현대 화단에 초연한 성현상(聖畫像)의 화가이기도 한 그는 검고 굵은 선을 즐겨 썼는데, 그것이 색채와 어울려서 종교적인 깊이를 느끼게 한다. 그의 그림 소재는 거의 모두가

묘 역시 작가 자신에게도 큰 의미를 지녔던 불후의 명작들이다. 그리고 클렙의 융단 벽걸이는 바티칸 출품 아베날리의 대작과 매우 흥미로운 대조를 이룬다.

독일은 2차 세계대전의 폭격으로 대파된 나라를 재건하면서 교회건축도 다시 세웠다. 이를 계기로 때마침 일고 있던 전례쇄신운동과 제2차 바티칸공의회의 영향 아래 교회건축 그 자체의 의의와 목적에 대한 깊은 생각을 이론과 실천 양면으로 폈을 뿐만 아니라, 건축과 심미의 두 관점에서도 많은 훌륭한 작품을 낳았다. 슈바르쓰[6]·뵘[7]·쉬르만·쉴링·슐롬스·샬러 등의 작품은 독일을 넘어 교회를 짓는 누구에게나 생각거리가 아닐 수 없다. 또 교회공간과 관련된, 주로 금속과 섬유로 된 다양한 기물이 전시된 건축 도판을 보완하는데, 신심의 참된 예술 표현이 이처럼 거대한 건물에서부터 몸에 지니는 작은 패에 이르기까지, 개인·가정·신앙공동체의 모든 차원에 미침을 알게 한다. 특히 오랜 세월 진부하게 침체되었던 귀금속공예가 능히 높은 예술성을 새로 띨 수 있음을 부르게프·트레스코프·도미쓸라프·와이너트 등의 작품이 보여 주고 있다.

당초부터 현대 종교미술 국제전으로 구상·추진되어 온 이 전시회에 인겔하임에 있는 베링거회사 제공으로 마인쓰 로마–게르만 중앙박물관 소장품 다섯 점이 출품되었다. 「성베드로의 성좌聖座」·「타실로 성작聖爵」·테오딜린더 여왕의 「성경표장聖經表裝」 앞뒤판·아달로알드 왕자의 「십자가」 등 이들 중세 초기 명작은 그리스도교가 신생 게르만족 문화와 교류하면서 꽃을 피운 것으로, 어떤 의미로는 그런 교류의 최종 연장이라고도 볼 수 있는 극동과의 대화의 한 터전인 이 국제전에 자리를 같이함으로써 그 역사적 연계를 말해 준다 할 수 있다.

일찍이 역사에 없던 변천기를 맞아 방향을 모색하고 있는 우리에게 이 전시회가 들려주는 말이 있기를 바라마지 않는다.

법관·창녀·어릿광대·기독교인 등의 인물과 도시의 뒷골목 풍경으로 한정되어 있다. 작품으로 「교외의 크리스트」「재판」「붉은 코의 어릿광대」「베로니카」 등이 있고, 판화에서도 뛰어난 작품을 많이 남겼다.

5 앙리 에밀브누아 마티스(Henri Émile-Benoit Matisse, 1869~1954)는 20세기 야수파 프랑스 화가이다. 피카소·드랭·블라맹크 등과 함께 20세기 회화의 제일보로 불리는 야수파 운동에 참가하여, 그 중심 인물로서 활약하였다. 그는 조각·동판화에도 뛰어났고, 직물의 디자인, 삽화 등 새로운 분야도 개척했다.

6 루돌프 슈바르쓰(Rudolf Schwarz, 1897~1961)는 스트라스부르그에서 태어났고, 가톨릭 전례를 가장 잘 표현하는 '신성한 형태'에 대한 일생의 탐구(2차 대전 후 유럽에서는 일반화된)로 유명하다. 그의 저서 『교회의 화신(Vom Bau der Kirche)』과 그가 설계한 26개의 교회건축은 유럽 현대 교회건축의 발전에 지대한 영향을 미쳤다.

7 도미니쿠스 뵘(Dominikus Böhm, 1880~1955)은 건설업을 하는 가문에서 태어났고, 독일 전역에 수많은 로마 가톨릭 성당과 개신교 교회를 설계했다. 그의 아들 고트프리트 뵘(Gottfried Böhm, 1920~2021) 역시 건축가로서 1986년도 프리츠커상을 수상했다. 고트프리드 뵘의 할아버지와 아들까지 4대에 걸친 건축가 집안이다.

교회 안에서의 권위

「특집: 권위(Ⅳ) 바람직한 권위」, 『영성생활』 제15호, 도서출판 영성생활, 1998.5.20. 3~7쪽.

권위가 무엇이기에

근년 들어 '권위'라는 말부터가 왠지 귀에 거슬리는 듯하다. 그것은 어쩌면, 이제는 어디서나 보편화된 평등사상에 더하여, 국익을 위한 것이라고 내세우기는 하나, 꼼짝 못하게 내리누르는 통치를 우리 세대가 너무나 오래 받아 온 탓인지도 모른다. 그래서인지 '권위주의'라고 하면 후배나 수하, 나아가서는 온 백성의 자유를 유린하는 반민주적 인권침해의 상징으로 여겨 누구나 딱 질색인 오늘이다.

그러나 권위에는 남을 복종시키는 힘이라는 뜻도 분명 있지만, 그와 아울러 어떤 분야에서 남달리 뛰어난 지식이나 실력이 있어 가히 믿을 만하고, 또 믿어 마땅하다는 매우 좋은 뜻도 담겨 있다. 이런 의미로 본다면 권위 없이는 가르침도, 배움도, 전통도, 질서도 설 수가 없는 것이다.

아니, 전자의 경우도 얼마든지 정당할 수가 있음을 잊어서도 안 될 일이다. 공동선의 추구를 위해 주어진 책무 수행에서 합법적인 권한 행사와 그에 대한 순종이 필요불가결할 때는 얼마든지 있다. 전투 중에 생사가 달린 지휘관의 명령 같은 극한 상황을 굳이 들먹이지 않더라도 그것은 자명한 일이다.

　물론, 남을 힘으로 정복하여 굴종시킴으로써 스스로 강대해지려는 '권력의지'를 근본이념으로 내세운 니체의 사상이나 아예 도덕 자체의 근거를 권력자의 명령에 두려는 '권력설' 따위는 인간 존엄을 정면으로 범하는 만큼 전혀 용납할 수 없는 것이다. 이런 부당한 의미의 '권위주의'는 차라리 노골적 '권력주의'라고 부르는 것이 더 옳다고 본다.

　여기 한 가지 구별해 두어야 할 것이 있다. 흔히 '공권력'이라고 부르는 권한과 종교적 또는 교회적 권한은 서로 다르다는 점이다. 전자는 공익을 위한 국가의 법이나 규정을 준수하도록 강요하는 데 반해, 후자는 그와는 달리 대체로 신앙이나 행동이 바람직한 어떤 목적을 지향하도록 영향을 끼치는 힘을 말한다.

　이와 관련하여 누구나 성숙한 주체라면 마땅히 자기 나름의 생각을 스스로 세우고 오직 이성에 입각한 양심만을 따라야 옳다는 반론이 제기될 수도 있다.

계시와 교회의 권위

그러나 그리스도신앙은 계시에 그 바탕을 두고 있음을 확신하고 있다. 다시 말해 인간으로서 자연히 깨달을 수 있는 능력을 초월한, 하느님이 직접 또는 간접으로 계시해 주신 진리들을 알게 되어 믿는다고 고백하는 것이다. 그렇다고 그러한 진리들이 이성에 어긋난다는 것은 결코 아니지만 그 발견에는 이성의 힘이 거의 못 미치며, 하느님이 친히 알려 주신 것인 만큼 하느님의 권위를 지닌다는 것이다.

　이런 맥락에서 볼 때, 구약 예언자들의 발언은 하느님 영의 감도를 받은 권위를 지닌다. 이에 더하여, 예수님을 강생하신 하느님으로 믿는 그리스도인들로서는 예수님을 통하여 주어진 계시는 최종적이며, 그분의 가르침은 예수님의 인성人性의 한계를 넘어 절대적 권위를 띠는 것이다.

바로 이러한 계시를 사도들이 받아 말과 글로 그리스도 교회에 전하였고 그 핵심적 내용은 모두 신약서에 보존되어 있다. 게다가 사도들의 가르침은 하느님 또는 그리스도 영의 감도를 받았기 때문에 그 권위 또한 그리스도 자신의 말씀의 권위에 버금간다고 교회는 가르친다.

이 가르침을 교회가 전해 내려가는 것은 성서聖書와 성전聖傳 양자를 통해서이다. 그런데 교회 자체 역시 그리스도가 계시하신 진리 전체 안으로 같은 성령이 이끄시기 때문에(요한 16,13) 그 가르침도 절대적 권위를 지니는 것이다. 또 이러한 권위적 가르침의 기구는 성령의 이끄심 아래 공의회와 아울러 교종의 권위적 교도권 발언이며, 또 평소에는 무류성은 없으나, 교종과 주교들의 유권적 교도권이라고 천주교는 믿고 가르친다.

한편 개신교 측에서는 최근까지만 해도 그러한 권위를 성서에만 국한하여 인정하였고, 그것도 교회의 합의에 의해서라기보다는 개개인의 양심에 대한 호소력에 입각하여 보장되는 것으로 보아 왔다.

성서가 말하는 권위

그렇다면 신·구약성서는 과연 어떠한 모습과 의미의 권위를 말하고 있는가.

백성과 제도권을 향해 하느님의 자유로운 말씀을 때맞추어 대변하던 예언자의 권위는 -본인의 뜻이나 자질이나 자격과 관계없이- 모두가 언젠가는 승복하지 않을 수 없는 것이었다.

그러한 예언자의 권위 말고도 구약에 보면 이스라엘을 처음부터 형성하면서 이끌어 나간 아브라함·이사악·야곱 등 대조大祖를 비롯하여 모세와 아론과 역대 판관과 왕들을 거쳐 후대의 원로들 및 대사제들에 이르기까지, 그들 모두의 권위는 자기 자신을 위한 것이 아니라 어디까지나 이스라엘의 선익과 구원을 위하여 하느님이 그들에게 맡기신 것이었다. 따라서 하느님 앞에서는 그 권한 행사에 대한 셈을 철저히 바쳐야 했으며, 하느님의 겨레인 백성의 정당한 발언권으로도 제한을 받았다. 그러나 그들은 하느님의 간택을 받고 하느님 자신의 권위를 가시적으로 대리하는 자였던 만큼, 백성은 그들의 합당한 지시에 마땅히 순종할 의무가 있었다.

신약 그리스도인들의 본향과 나라는 하늘이다.(필립 3,20) 그러나 지금 사는 지상의 나라도, 그것이 하느님이 뜻하신 질서 안에 머무는 한, 그 정당성이 인정되면서(마태 22,17-21), 순종과(로마 13,1-7) 기도 지향의 대상이(1티모 2,1-2) 된다. 나라뿐 아니라 작게는 가정에서도 아내는 지아비를 따라야 하고(에페 5,22-23; 골로 3,18) 자식은 부모에게 순종해야 한다고(에페 6,1-3; 골로 3,20) 바오로는 가르친다.

다만, 어떤 경우이건 모든 권한은 십자가 죽음에 이르기까지 사랑으로 순명하신 예수님을 따라 행사해야 하며, 으뜸이 되려면 자기를 비우고 모두를 섬기는 자가 되어야 한다는 것이 신약의 한결같은 가르침이다.(에페 5,25; 마르 10,45; 요한 13,13-15)

권위와 순명과 겸덕

그런데 우리 중 누가 예수님인가.

일찍이 분도 성인은 이렇게 말씀하였다. "내 아들아, 이 세상에서 가장 큰 신비는 중재자의 역할이다. 그의 모든 결점과 약점에도 불구하고 인간의 입을 통해서 하느님이 말씀하시는 것이 그것이다." 그런 만큼 권위를 행사해야 하는 이는 누구보다도 더 부끄럽고 겸허한 마음으로 하느님 앞에 깊이 책임을 느끼며 임무를 신중히 다할 것이다.

반면, 우리는 수도생활뿐 아니라 오늘날 교회생활 전반에서도 순명에 대하여 사람들이 갈수록 거북해함을 본다. 그러나 우리들 자신의 봉헌이 과연 참되고 근본적인지를 제대로 가늠하려면 아버지의 뜻만을 사랑으로 찾으신 그리스도의 삶을 진정 얼마나 닮으려는가를 정직하게 묻지 않을 수 없다. 자기 스스로 생각하거나 마음에 드는 것을 –때로는 '합리'나 '식별'의 미명 아래– 하느님 뜻이라고 여기고 내세우는 자기기만의 묘한 유혹도 없지 않은 듯하다.

우리는 일상에서 자신의 창의나 자유를 제약하는 온갖 상황을 만난다. 남의 생각, 남의 계획, 남의 조치 –한마디로 남들이 내 길을 가로막는다. 장상의 명은 고사하고, '남들'이 그저 있음으로 해서 우리의 뜻과 자유가 제한된다고 느껴지기도 한다. 그러나 나만이 아닌 남들과 함께하는 삶에서 체험하고 배우는 그런 한계는 우리를 겸손하게 한다. 즉, 있는 그대로의 나 자신을 올바로 알고 받아들이게 한다. 그리하여 우리 자신을 비워 그리스도의 영으로 채우도록 돕는다.

순명은 궁극적으로 사랑의 표시이다. 내 자신이 아닌 존재를 위해 살겠다는 전적 헌신의 외적인 표시이며, 역설적으로도 우리 자신의 해탈과 참다운 자유로 이끌어 주는 죽음과 부활의 길이다.

'道人' 崔鍾泰

최종태, 『崔鍾泰』(조각·그림 작품집), 열화당, 1988, 109~111쪽.

"돌이 불쌍하지도 않나."

푸른 유월 하늘 아래 로마의 베드로광장을 한 품에 안아 들이는 베르니니 주랑柱廊 위에 수없이 늘어선 석상들을 바라보며 절로 나온 최 선생의 혼잣말이었다. 이미 칠 년이 지난 오늘도 그 말이 새삼스럽게 들려오곤 한다. 그럴 때마다 나는 왠지 미소를 짓게 된다. 하도 최 선생다운 독백이었기 때문일 것이다.

그보다 십 년 앞서 1971년에 최 선생이 처음 유럽을 돌아보았을 때는, 특히 그리스와 이탈리아의 조각을 대하면서, '워낙 어른 냄새가 나서', 하느라고 해 온 터이지만, 게서 더 어쩌겠다고 돌을 다루고 뭘 만들겠는가 하는 어이없는 생각에 그만 마음이 눌려, 조각가로서의 앞길마저 묘연해지더라는 것이다. 한국처럼 머나먼 남의 나라에서 중학교 때부터 그저 아폴로 석고 머리나 그리는 시늉을 해서 될 일은 결코 아니다 싶어, 우리 나름의 얼과 뿌리를 더욱 간절한 마음으로 찾아 나서게 되더라는 것이다.

그리하여 우리 땅의 부처님 얼굴부터 새로 묻게 한 구도의 십 년 고행 끝에 다시 와 보니, 이제는 오히려 편안하고 넉넉한 마음으로 모든 것을 바라볼 수 있게 되었다고 최 선생은 말했다. 서양미술 전통의 위대함 역시 탄복하지 않는 바 아니나, 어찌 보면 조형미의 극치를 자랑하는 그리스 조각은 그 문이 텅 빈 듯 보는 데가 없으며, 이탈리아 사람은 무르익은 솜씨로 돌이 돌로써 숨 쉴 수조차 없게 '자기 것'만 잔뜩 만들어낸 데 비해, 우리네 것은 형식이 어설픈 듯하면서도 거기 참 생명이 있고 또 돌의 돌다움을 깨닫고 살릴 줄 아는, 자연과의 깊은 융합이 있다는 것이었다. "돌이 불쌍하지도 않나" 한 그 독백은, 어떤 의혹보다는 오히려 하나의 확인을 드러내는 명언이 아니었던가 생각된다.

로마를 방문 중이던 최 선생을 모시고 하루는 저녁 무렵 테베강 변 리베타가에 자리한 로마미술학원으로 파치니 옹을 찾았다. 노장은 창고 같은 연구실에서 작품에 몰두하고 있었으나, 선뜻 일손을 놓고 미소로 내객을 맞아 주었다. 동서의 선후배 조각가 두 사람은 부자유로운 언어의 장벽을 뚫고 마음으로 곧장 통하는 느낌이었다.

부담 없이 오가는 말 가운데 최 선생이 평소에 깊이 품었던 물음들을 수줍은 듯 비치자, 파치니 옹은 자신이 칠십여 평생 한결같이 걸어온 길이 유구한 서양미술사라는 넓고 깊은 흐름의 어디를 어떻게 가고자 한 것인지를 소박하게 이야기하는데, 그 티 없는 모습이 참으로 아름다웠다. 명성깨나 났다고 대가연하며 편하게 세상 잘사는 원로 동료들을 그는 오히려 딱하게 여기면서, 자기는 고령의 불편한 몸으로도 초지일관 쉬지 않고 정진하고 있다고 했다. 근년에는 바오로 6세의 청으로, 현대건축의 백미인 네르비 알현실 단상을 '부활'이라는 필생의 청동 역작으로 꾸몄는데, 그 일에 얼마나 힘을 쏟았던지 작품을 마친 후 거의 이 년을 앓으면서 다시는 못 일어날 줄 알았다며, 꼭 한 번 가 보고 나서 다시 만나자고 하였다.

이튿날, 별도로 교섭하여 바티칸의 바오로 6세 알현실의 혼을 이루는 놀라운 「부활」을 가까이에서 보고, 이어서 로마역 부근 독립광장에 있는 농협회의실 한쪽 벽면을 채운 엄청난 목각 대작 「밭」을 보면서 깊이 감동하였다. 당대에 보기 드문 두 작품 모두 만물을 새로 보는 눈, 생명의 희열, 끊임없는 탐구와 수행, 순진한 독창성의 압도적 결실이었다.

그 길로 파치니의 아뜰리에를 찾았다. 화랑이 즐비한 유서 깊은 마르구타가 어느 안뜰에 호젓이 들어앉은 작업실은 그가 거의 반세기 동안 둥지를 틀어 온 곳으로, 한평생의 작품이 가득 들어 차 있었다. 노인은 우리를 반기면서 여덟 살 때 만들었다는 작은 목각부터 보여 주었다. 더없는 애착으로 늙은 손이 어루만지는 천진스런 나무토막이 오늘의「부활」에 이르는 기나긴 구도의 여정을 열었던 것이다.

그렇다. 그는 무엇보다도 구도자였다. 동서의 차이, 세대의 선후를 넘어, 파치니와 최 선생과의 만남이 참 만남일 수 있었던 것은 참다운 구도자끼리의 해후였기 때문이라고 여겨진다. "궁극에 가서는 동서가 따로 없이 다 하나로 통한다"고 최 선생은 늘 말한다. 그러나 그것은 문화의 국제화시대니 뭐니 하는, 제 자리도 모르는 이들의 허울 좋은 소리와는 상반되는 말로 들린다. 뿌리를 지니고 흐름을 알면서 나의 참을 겸허하게, 끝없이 찾아 나서는 구도의 만남을 말하기 때문이다. 하나인 진리를 위해 더없이 나 자신이 되어야 비로소 보편적일 수 있음을 뜻하기 때문인 것이다.

어느 분이 말하기를 최 선생은 평생 서울서 살다시피 했는데도 어디로 보나 도회인은 아니고 역시 '전원적'이라고 해서 웃은 적이 있다. 하지만 시인이나 화가는 굶어 죽기 알맞다던 시절에, 더구나 어려운 농가의 장자로서 그것도 조각을 하겠다고 나선, 안 하려야 안 할 수 없었던 젊은 미술학도의 그 외로운 마음을 누가 헤아려 줄 수 있었겠는가. 그러기에 그는 자코메티, 브랑쿠시, 무어, 장욱진張旭鎭, 파치니처럼 우직하게 끝내 제 갈 길만을 참되이 가는 예술인들에게 마음이 끌린 것이 아닐까. 스승인 우성又誠 김종영金鍾瑛 선생에 대한 유다른 존경과 충정도 그 도인다운 사표師表에 대한 고마움에서 우러난 것임에 틀림없다.

여러 해 전 최 선생이 창전동 조그마한 한옥에 살던 무렵, 이남규李南奎·조영동趙英東 선생 등 친구 되는 분들과 가끔 찾아간 적이 있다. 집 문을 들어서면 왼편에 있는 두어 평짜리 작업실은 물론, 마루와 비좁은 뜰까지 작품들로 가득하였다. 한참 자라는 자녀들을 그때의 교수 월급으로 키우느라 몹시도 애가 쓰였을 착하고 무던한 부인은 수박을 사들고 간 허물없는 친구들에게 마침내 하소연을 했다. "이이보고 어떻게 좀 하라고들 그러세요. 재료도 마음껏 못 쓰는 형편에 누가 사람을 보내 섣불리 작품을 사겠다고 덤비기라도 하면 동네 부끄럽게 고함을 질러 쫓아내지 뭡니까." 최 선생은 담배를 들고 사색에 잠긴 듯 시선을 비스듬히 내려간 채 내 천川 자로 찌푸리고 있던 이마를 활짝 펴고 허허 하며 멋쩍게 웃기만 했다. 그 웃음에는 무척이나 친근감을 불러일으키는 인간미가 있었다. 그러나 그것은 또한 말로 못 다할 사연을 머금은 웃음이기도 했으리라.

최 선생 역시 파치니처럼 자신만이 그 뜻을 아는 발자취를 고이 간직하고 길을 찾아가는 작가인 듯하다. 이 점에 있어서는 도예에 일심으로 정진하기 위해 마치 출가 입산하는 스님과도 같이 교직과 가족마저 모두 놓아두고 시골에 파묻혀 그릇 짓는 일에만 몸 바친 그의 외우 이종수李鐘秀 선생과 그대로 혼이 통한다고 하겠다. 말없는 이 선생 역시 친구들의 작품과도 차마 그릇 하나 맞바꿔 주기를 어려워하는 마음의 주인공인 것이다.

그런지라 후배 중 혹 안 그럴 만한 사람이, 비록 제 아우들 뒷바라지를 위해서라지만 너무나 손쉽게 작품을 내다 파는 것을 보면 "그게 어떻게 한 공부인데…" 하며 무척 못마땅해하는 눈치였다. 그러한 최 선생이 어느 해 출품했던 빼어난 조각품을 모 수장가가 끈질기게 졸라서 입수하고 만 일이 있었다. 얼마 후 만난 그는 매우 괴로운 표정으로 "이젠 작품을 하다가도, '이건 얼마쯤 나가겠지' 하는 망념이 들면 그만 아찔해져서 일을 못 하겠구나" 싶어서 한잔 하고 앓았다며 한탄했다. 이러다가 혹시라도 작품 자체는 마음에도 없고 볼 줄도 모르는 유한마담 따위가 그저 투자 삼아 집구석 어디다 처박아 둘 것을 상상만 해도 기가 막힌다는 것이었다. 차라리 사랑해 줄 사람에게 작품을 주겠다며, 어느 전시 끝에는 달라는 이들을 뿌리치고 부산에 사는 잘 모르는, 그러나 오래전부터 최 선생의 작품을 좋아하고 원해 오던 이에게 청하지도 않았는데 보낸 일도 있었다.

어느 해인가는 처음으로 그의 소묘전이 신세계 화랑에서 열렸다. 조각가인 최 선생의 이 새로운 면모를 보고는 다들 너무나 좋아하고 탐내는 것이었다. 그러나 일체 비매非賣였다. "마루에 앉아서 밥을 먹다가도 청첩장 같은 걸 뒤집어 놓고 그려 보는 수가 있는데, 어떤 건 재미있게 되길래 모아 두었던거요. 재료로 치면 이삼 원어치나 될까. 그걸 어떻게 값을 매기나. 도대체, 작가가 어떻게 제 자신의 값을 매기나." 나도 탐내는 것을 눈치채고, "파하는 날 오세요, 와서 뭐 하나 골라 가세요" 하였다.

그런데 이 소묘전에는 단조로움을 깨기 위해 조각 소품 몇 점도 곁들여 있었다. 그중에는 그전부터 최 선생 댁 마루 서가 위에서 내려다보던 박달나무 두상도 있었다. 그것은 끌로 다듬은 이목구비가 생략된 얼굴이었다. 무슨 인연인지 나로서는 볼 때마다 눈을 뗄 수가 없는 얼굴이었다. 전시가 끝나는 날 오후 신세계 뒷문으로 인파를 헤치고 막 들어가려는데, 최 선생 부인이 무언가 두꺼운 종이에 소중히 싼 것을 품에 꼭 껴안고 나오다가 나와 마주치자 날도둑이라도 만난 듯 기겁을 하며 뒷골목으로 사라지는 것이었다. 박달나무 얼굴이었다.

누구의 얼굴인가. 최 선생은 끊임없이 얼굴을 만든다. 때로는 몸으로 받쳐 주기도 하지만, 요컨대 귀도 눈도 입도 코도 아닌 얼굴을 만들고 또 만든다. 그 임자가 소녀인지 어머니인지 그저 여인인지는 알 수가 없다. 그런데 참으로 신기한 일이다. 내 눈의 탓일까. 몇 해를 두고 아무리 보아도 그 얼굴의 임자는 바로 최 선생 부인이 아닌가. 그러냐고 물었더니, "허, 하다 보니 그냥 나온 얼굴이지, 그런 생각으로 한 건 아닌데" 하며 그는 담담한 웃음을 보일 뿐이었다.

1980년 5월 광주사태가 벌어지고 있던 때였다. 연남동 댁으로 저녁 초대를 받아 최 선생과 한날, 동갑인 최광연崔光淵 신부와 함께 갔다. 몇

순배 끝에 최 선생은 갑자기 비통한 어조로 "당신네는 말하기 편하지. 이 처참한 상황에 나더러 어떻게 예수의 십자가상을 만들란 말인가" 하고 외쳤다. 할 말이 없었다.

> 버림받은 땅
> 그리스도는 가 버렸다
> 우리 모두의 달랠 길 없는 십자가를 놓아둔 채
> 벌써 벌써부터 이 땅에 세워진 십자가를
> 바람에 흔들리는 옷걸이처럼 버려둔 채 ….
> 십자가는 여전히 기다린다

파치니의 시 「그리스도 없는 십자가」의 첫 구절이 떠오른다.

하지만 얼마 뒤 십자가상은 만들어졌다. 그 십자가의 얼굴은 온통 어두웠다. 그러나 이 어둠은 고통 받는 이들에게 한 줄기 빛을 던져 주는 어둠이기도 하다. 성모병원 환자들 중 정말 아픈 사람들은 벽에 걸린 그 십자가에 마음이 이끌려 힘을 얻는다고 한다. 어떤 이는 집에 갈 때 몰래 떼어 간다는 말도 들린다.

노래를 가장 애써 부르는 사람이 가수이고, 글을 가장 힘겹게 쓰는 사람이 시인이 아닐까. 그러나 세상은 그런 사람들로 인해 더 보람차고 아름답지 않은가.

파치니의 말을 다시 한번 들어 본다. "예술작품이란 우리를 감동시키면서도 그 감동의 까닭을 밝혀 주지는 않는다. 마치 무한에 사로잡힌 순간들을 사는 것과도 같은 것이다."

최종태崔鍾泰 선생의 값진 고뇌 또한 영취산靈鷲山의 염화미소拈華微笑에 이르는 보문이기를 바란다.

李南奎 선생을 생각하며

조후종, 『이남규 유리화』(작품집), 분도출판사, 1996, 189~190쪽.

"크든 작든, 어떤 것이든 내게는 그 밀도에 달려 있습니다. 그리고 예술이란 오직 실제로 살아낸 삶에만 그 바탕을 둘 수 있는 겁니다."

마치 이남규 선생의 오롯한 한뉘를 두고 한 말로 들린다. 이 보배로운 한마디는 바로 이남규 선생이 오스트리아에 간 해인 1968년에, 슐리어바흐Schlierbach 수도원 유리화 공방에서 그와 깊은 인연을 맺게 된 마르그렛 빌거Margret Bilger(1904~1971) 여사가 어느 후배 화가에게 한 순박한 토로였다. 돌이켜 생각해 보면 왠지 우연으로만 여겨지지 않는 일이다.

당초 오스트리아의 적막한 한 시골구석에 자리한 슐리어바흐라는 곳을 내가 처음 알게 된 것은 1961년 여름이었다. 인스브룩에서 유학하던 시절, 이미 내과 전문의로서 나이 마흔이 넘어 그곳 수사가 되어 신학 공부를 하러 인스브룩으로 온 한스 카터마이어라는 참으로 훌륭한 친구의 초대로 찾아갔던 것이다. 한스는 빌거 여사에 대해서 많은 이야기를 들려주었다. 그러나 실제로 만나 보니, 그는 세상과 시간을 다 잊은 고요 속에서 넓고 깊고 맑디맑은 마음으로, 오로지 본질적인 것에만 온 삶을 쏟는 실로 카리스마적인 존재였다. 그 후에도 마음이 이끌려 찾아가곤 했다. 그의 삶과 창작 세계는 한 화가의 말대로 "시골에서 은밀히 아쉬운

잠깐 동안 엿보는 크나큰 인생 무대, 위대한 우주상이었다." 잊을래야 잊을 수 없는 참 예술가요 인간이었다.

그로부터 몇 해가 지나 이남규 선생을 우연히 만나게 된 것은 1967년 초반 대방동성당 보좌로 넉 달을 지내던 때였다. 주일이면 그곳 주임 오기선 신부님을 자주 찾아오던 이들 틈에 어울려 늘 웃는 낯으로 모습을 드러내는 이 선생이었다. 우리의 잔잔한 사귐은 그해 여름 명동으로 임지를 옮긴 후에도 자연스레 이어져 나갔다.

그러저러한 인연으로 이남규 선생은 마침내 1968년 4월에 슐리어바흐로 가게 되었다. 이 선생 자신의 원의도 있었거니와, 백 년 전통을 지닌 저 유명한 유리공방 사람들과도 보람 있는 만남이 이루어질 것으로 내다봤다. 과연 빌거 여사와의 만남은 길을 나선 미술가로서 뿐만아니라 인간 이남규에게도 하나의 결정적인 체험이었다. 게다가 여사의 부군인 바우하우스Bauhaus 화가 한스 요하임 브로이슈텟Hans Joachim Breustedt[1] 씨와의 해후 역시 바로 마음이 통하는 일이었고, 이 선생에게는 자신의 미술 창작에 대한 신념을 굳혀 주는 확인이기도 하였다. 또, 유리공방을 책임진 명장 루카스 수사와의 정겨운 친분도 적잖은 위안이 되었던 것으로 안다. 그렇다고 애틋이 사랑하는 가족과 떨어져 치른 객창의 외로운 시련이 결코 가볍지는 않았으리라. 그러나 그 아픔은 도리어 유리화라는 새로운 세계에 더욱 깊이 몰입되게 하는 결과를 낳았다고도 할 수 있다.

그림이 무엇인지도 잘 모르면서 그저 좋아하기만 하는 나로서 정말 유리그림을 말할 주제는 더욱 못된다. 다만 좀 깨달은 바가 있다면 유리화는 마주 바라보는 그림이 아니라 그 빛이 오히려 내 안으로 스며들어 오는 그림, 내가 담겨 있는 공간을 온통 빛으로 채우고 물들이는 신비로운 그림이라는 것이다. 그것도 어떤 작위적인 효과가 아니라 저 무한한 하늘 자체의 빛이 생동하는 굴절로 우주의 섭리에 따라 시시각각 변주되는 그림이 아니겠는가. 그렇기에 유리화는 또 자고로 참된 종교심과 깊은

[1] 한스 요하임 브로이슈텟(Hans Joachim Breustedt, 1901~1984)은 바우하우스에서 공부하고 파울 클레, 와실리 칸딘스키, 로넬 파이닝거의 디자인 원칙을 다루었다. 그는 전위적 독창성 대신에 대상의 재현과 추상의 조화로운 종합을 추구했다. 1953년 그래픽 아티스트인 마그레트 빌거와 결혼했다.

교감을 이루어 오지 않았을까 싶다.

하기야 유리화란 "그저 흑백의 창살을 뚫고 들어오는 빛이고 색일 따름"이라고 빌거 여사도 말한 바 있으나, 그렇게 유리를 투과할 때 빛은 홀연 마음의 모습, 영혼의 형상으로 변하여 작가 자신이 발하는 빛으로 승화되는 것이다. 이남규 선생은 본디가 순수하고 오롯한 사람이었다. 그 푸근하고 유머 넘치는 눅은 인품의 바탕에는 늘 한결같고 더없이 성실한 아니, 경건한 마음이 자리 잡고 있었다. 그렇기에 그는 남달리 설득력 있고 진정한 빛을 발하는 유리 화가가 될 수 있었다고 믿는다.

슐리어바흐에서 반년에 걸친 유리화 수련을 끝내고 파리로 간 이남규 선생은, 생활은 비록 어지간히 어려웠어도 죠르주 루오의 딸 이사벨 부인과 선배 화가 마네시에[2] 같은 마음의 벗들을 만나 매우 뜻있는 세월을 보냈다. 파리에서의 1970년 개인 유화전을 기약하며 도심의 한 비좁은 하숙집에서 그림에만 열중하고 있는 이 선생을 찾아갔을 때, 그는 정열과 희열에 사뭇 차 있는 모습이었다. 자기응시에서 다진 신념에 더하여 브로이슈텟 화백과 맺은 친교와 마네시에 화백의 호평 등에서 새로이 얻은 힘과 희망에 대해서도 그는 이야기하였다.

획을 긋는 개인전을 성공리에 마치고 같은 해에 귀국한 이 선생은 이리 원광대에 이어 공주사대에서 교편을 잡고, 한편으로 천주교에서 가장 유서 깊은 중림동[藥峴]과 명동[鐘峴]성당을 비롯, 도합 45곳의 성당을 위하여 꾸준히 작품을 함으로써, 우리나라 유리화의 개척자요 교회미술 정착의 선구자로서 매우 큰 역사적 발자취를 남겼다. 이남규 선생이 수도자처럼 묵묵히 -때로는 몰이해를 넘어 모함의 고난마저 겪으면서- 이처럼 큰 업적을 이루어낼 수 있었던 것은 그의 예술적 창작력뿐 아니라 진지한 사명감과 깊은 신앙심에 힘입은 각고의 결실임이 분명하다. 그리스도 신앙의 깊이를 모르는 사람으로서 이 작품 세계의 내면에 들어가기란 -불심을 떠나서는 불교미술을 볼 수 없듯이- 그리 쉽지 않은 일일 것이다. 형식 분석이나 심미 평가만으로는 거기 미칠 수 없는 진정한 종교 체

[2] 알프레드 마네시에 (Alfred Manessier, 1911~1993)는 프랑스의 화가, 디자이너이다. 파리 미술학교와 아카데미 랑송에서 공부하였으며, 피카소·루오·세잔·렘브란트의 영향을 받았다. 초기에는 추상적인 종교화, 퀴비즘, 초현실적인 경향을 띠었으나 제2차 세계대전 중의 종군생활과 전후(戰後)의 사상적 동요를 거쳐 열렬한 가톨릭 신자가 되어 종교화의 새로운 경지를 열었다.

험의 발로가 어려 있기 때문이다.

　북가좌동 자택 아래층에 마련한 아늑한 화실 겸 공방은 이 선생의 낙원이었다. 서울올림픽의 해 1988년부터는 가톨릭미술가회 회장직을 맡아 신자 미술인들의 융화에도 은근히 힘쓰는 여유를 보이는 그였다. 나 같은 그림 둔재에게도 "아무 생각 말고 그냥 자꾸 그려 보세요" 하며 진담 섞인 웃음으로 권하곤 하였다. 그는 이제 사무사思無邪의 경지에 든 자유인으로 보였다. "그림이 요즘 제법 잘 되어 가서 기분 좋으네요" 하며 꾸밈없이 기뻐하였다.

　그러던 그가 그토록 가슴 벅차게 준비한 1991년 5월 1일 금호화랑 초대전을 바로 나흘 앞두고 갑자기 쓰러졌다. 오로지 그림에 일생을 불사르고 쓰러진 것이다. 그 사정을 알고 개막 초대에 간 몇몇 사람은 마음을 가누기가 참으로 힘겨웠다. 그 누구와도 비길 수 없이 괴롭게 버티던 부인 조후종 여사가 나를 보자 소리를 죽이며 눈물을 쏟던 순간은 내 일생 가장 슬픈 추억의 하나로 가슴 깊이 새겨져 있다.

　그로부터 거의 2년 후 이남규 선생은 다시 깨어나지 못한 채 아름다움과 사랑을 세상에 가득 남기고 말없이 귀천하였다. 그를 아끼고 존중하던 빌거 여사의 말대로이다. "자기에게서 나오는 것은 자기 자신에게도 신비이지요. 일부러 되는 것은 아니지요." "자기 자신에게 충실해야 합니다."

何味軒에서

교회와 미술가는 서로 필요하다

천주교 서울대교구 혜화동교회, 「제1회 가톨릭 미술가의 날 세미나 격려사」(1994.2.18), 『우리와 함께 머무소서』(부록: 한국 교회의 성미술), 기쁜소식 출판사, 1996, 60~62쪽.

―――

오늘, 미술가의 주보이신 복자 후라 안젤리코의 축일을 맞아, 서울가톨릭 미술가회 주최 세미나에 교회건축을 위주로 '한국 교회미술의 오늘과 내일'을 함께 생각해 보고자 하는 이 자리에 이처럼 많은 뜻있는 분들이 한데 모여 주셔서 참으로 반갑습니다.

이번에는 특히 어떻게 하면 우리가 짓는 성당이 하나의 예배의 공간만이 아니고 참으로 하느님과 인간의 보다 깊은 만남, 인간과 인간과의 만남, 그런 만남의 깊이를 예술적으로 표현하는 그러한 성당이 되겠는가 하는 문제를 함께 생각해 보는 시간이 아닌가 여겨집니다.

생각해 보면, 종교와 예술은 본래 서로 불가분의 관계를 이룰 수밖에 없다고 하겠습니다. 예술은 유구한 세월의 흐름을 통해 어느 문화에서나 종교와 일체를 이루어 온 것은 사실입니다. 그래서 우리가 아는 세계적으로 가장 우수한 예술작품이 있다면 그것은 대부분의 경우 종교와 밀접한 관계를 맺어서 그러한 예술성을 여전히 간직하고 있다고 볼 수 있겠습니다.

한 예를 들면 석굴암의 부처님에 대해 쓴 외국 사람의 어느 글에서 "그것은 동양 문화의 주옥이다"라는 글을 읽은 적이 있습니다. 그러면 그

석굴암의 불상이 동양 문화의 주옥이라고 할 때는 단지 그 예술성만이 아니고, 그것이 종교성과 일체가 되어서 그런 것이 아닌가 생각합니다. 또 우리가 잘 아는 성 베드로 대성당의 피에타상의 경우도 그렇게 훌륭한 작품은 그것을 만든 작가의 위대함도 있겠지만, 그 작품 역시 종교와 예술이 깊이 만나고 있기 때문이 아닌가 합니다. 그래서 이렇게 볼 때 정말 '교회와 미술은 서로가 필요하다'고 하겠습니다.

물론 종교 가치가 예술 가치와 동일한 것은 아니겠으나, 인류 역사를 통해 보면 이들은 대체로 함께 부침해 왔습니다. 그것은 역시 모든 예술은 그 본질부터가 어떤 초월의 증언이자 또한 그 상징적 구현의 노력이기 때문입니다. 끊임없이 자아를 초월하지 않고서는 자기 자신일 수도 없는 인간 본연의 가장 순수하고 민감한 발로인 까닭입니다. 그렇기에 미술은 진실로 인간다운 것을 넘어 종교적인 것, 아니 신적인 것을 표출하려는 경탄할 노력으로 드러나는 것입니다.

미술을 남달리 이해하고 존중하시던 바오로 6세께서는 제2차 바티칸 공의회가 그 후반에 접어든 1964년 5월 어느 날, 미술가들을 씨스티나 성당으로 초청하여 만난 자리에서 이런 뜻깊은 말씀을 하셨습니다.

"오늘날 만인의 몫이 된 예술적·정신적 유산이 교회와 예술과의 밀접한 사귐에서 낳았음"을 우선 상기시키면서, "그 사귐이 한때 끊긴 듯이 느껴지던 유감스러운 시기도 있었으나, 이제는 주님께서 베푸신 모든 가능성을 우리는 (미술가) 여러분에게 새삼 바라고 청해야겠습니다. 따라서 미술이 하느님 숭배에 합당한 기능과 목적의 범위 안에서, 여러분이 부를 수 있는 자유롭고 힘찬 노래가 울려 나오도록 여러분 자신의 목소리에 맡겨 두어야 옳겠습니다."

이렇게 말씀하심으로써 미술가들이 참으로 그들 안에서부터 어떤 종교적인 깊은 심성과 함께 그 표현을 자유롭게 함으로써 종교적인 가치를 더욱 드높여 주기를 바라는 마음에서 이런 말씀을 하셨다고 믿습니다. 그것은 "예술이 전혀 없는 곳에는 종교예술이 있을 수 없고 예술이 적은 곳에는 종교예술도 적기" 때문이며, "그리스도교 예술을 살리려면 매 시대마다 살아 있는 예술의 거장들에게 호소해야만 하기" 때문이었습니다. 바티칸 박물관 내에 현대 종교미술 부문이 열리게 되었던 것도 미술가와의 만남이 그 발단이었습니다.

그런데 오늘날 이렇게 종교와 미술, 교회와 미술이 서로를 필요로 하는데 우리의 사정은 어떠합니까. 우리나라 교회는 지금 세계적으로 아주 괄목할 만한 발전을 하는 교회로 알려져 있습니다. 신자 수 증가라든지, 성직자와 수도자 수, 그 밖의 여러 면에서 온 세계가 어떤 의미로 찬양하는 그런 눈으로 보고 있습니다. 그런데 과연 '우리나라 교회는 그렇게 내적으로 질적으로 성숙하고 있는가?' 이렇게 묻는다면 거기에 선뜻 그렇다고 말하기가 힘듭니다.

교회가 참으로 교회의 내적 성숙을 무엇으로 가늠할 수 있는가, 그 척도는 무엇인가. 그것은 우리가 말할 것도 없이 먼저 그 교회가 단지 수적으로 신자 수가 많을 뿐만 아니라 그 교회가 스스로 받아들이고, 말하고, 전하는 그 복음을 얼마나 깊이 증거하고 있는가. 복음적인 삶을 교회는, 교회 사람들은 참으로 살고 있는가. 또 복음이 요구하는 그 사랑을 얼마나 깊이 그 사회 속에서 실제로 살고 있는가. 이런 것으로써 그 교회의 성숙도를 먼저 말할 것입니다. 그러면서 동시에 그 교회가 여러 가지 표현에 있어서 성당을 짓는다든지 또 여러 가지 성물을 만들 때 그 얼마나 깊은 예술적인 표현을 할 줄 아는가. 이것 역시 교회의 내적 성숙을 가늠해 보는 척도가 된다고 할 수 있겠습니다.

작년에 스위스에 있는 어떤 관상 수도회를 창립하신 분이 한국에 오셔서 저와 이야기를 나누는 중에 이런 말씀을 하셨습니다. 당신이 대구 근처에 있는 동화사를 가 보았는데, 한국 불교가 자연 속에 아주 깊이 조화를 이루고 있는 것에 심취했다고 하였습니다. "그 절은 영성과 명상과 이런 생활을 하기에 아주 한국적이고 좋다고 여겨졌는데 어떻게 되어서 한국 교회 안에서는 그런 것을 볼 수가 없습니까?" 하고 저에게 반문을 한 적이 있습니다. 앞으로 이른바 토착화라는 문제에 대해서도 이 점을 깊이 생각해 보아야 하리라고 여겨집니다.

아무튼 제가 1968년에 서울대교구로 부임했을 때에는 본당이 모두 합쳐서 45곳인가 있었던 것으로 기억합니다. 그러던 것이 26년 사이에 무려 157곳으로 불어났습니다. 그리고 당장 성당을 지어야 할 곳이 11군데, 머지않아 지어야 할 곳이 25곳이나 됩니다. 전국적으로는 특히 대도시나 신도시의 경우, 모두 얼마나 될지 잘 모르겠습니다. 이 고맙고도 놀라운 현상을 우리는 과연 어떻게 받아들여야겠습니까. 한편으로는 종교미술 창출의 다시없는 호기이기도 하고, 다른 한편으로는 시대와 민족 앞에서 우리 교회공동체와 미술가에게 지워진 막중한 책임이라 아니할 수 없을 것입니다.

그동안 새로 지어지는 그 대부분의 성당들이 다 좋은 성당이지만, 종교와 예술이 깊이 연관된 그런 관점에서 볼 때 얼마나 종교적인 신앙을 예술적으로 표현하였느냐? 이렇게 보면 많은 노력에도 불구하고 우리가 이것은 정말 종교적이고, 가톨릭적이며, 한국적이고, 이것은 또한 누가 와도 자랑할 수 있는 그런 가치를 가진 성당이라고 내놓을 수 있는 것이 하나라도 있는지 자문해 보지 않을 수 없습니다. 이제는 우리가 좀 더 생각하고 좀 더 깊은 것을 찾는 마음가짐으로 성당 하나를 짓더라도 참으로 아름다운 성당, 외적으로 아름다운 성당뿐만 아니라 좀 더 내적으로도 아름다운 성당, 또 거기에 보편적인 아름다움과 일치하는 한국적인 아름다움을 드러내는 성당들이 지어지기를 기대합니다.

길을 가는 신앙공동체가 하느님 집에 모여 하늘나라에 참여하는 지상 전례를 함께 거행하는 곳이 교회당이라면, 그 쓸모와 뜻과 아름다움을 하나로 이루어 보려는 새로운 안목과 진지한 노력이 절실히 요구된다고 봅니다. 비단 교회공간의 건축뿐이겠습니까. 교회미술 전반이, 상본에서 십자가상에 이르기까지, 신자 하나하나의 마음속 저 깊이까지 미치는 힘과 그 작용에 대해 예술가와 사목자가 다 함께 진작부터 깊이 생각했어야 할 일입니다.

오늘은 미술가의 주보이신 후라 안젤리코의 축일입니다. 그 유명한 '성모영보'를 그린 후라 안젤리코는 그림을 그릴 때 자기를 표현하려고 하지 않고 자기를 철두철미하게 비우고, 이 성모영보의 신비를 깊이 묵상하고 또 그것을 드러내려고 했습니다. 이러한 자세는 한 예술작품에서뿐만 아니라 우리의 삶에 있어서도 소중한 자세가 아닌가 싶습니다. 이제 우리가 짓는 성당은 이렇게 후라 안젤리코처럼 자신을 비움으로써 종교적인 신비, 그리스도의 수난과 부활, 성탄의 신비를 깊이 묵상하는 가운데 그것을 풀어내고자 하는 그러한 예술가, 미술가들을 통해서 우리의 성당들이 참으로 종교적으로도, 건축학적으로도 모든 면에서 아름다운 문화유산으로 남을 수 있는 그런 날이 오기를 기대합니다. 우리가 살고 있는 20세기의 가장 위대한 예술인 중 여럿이, 특히 서방에서, 그 사회가 내쳐 버린 신앙에 자신의 재능을 발휘했다는 사실은 놀랍고도 고무적인 일입니다. 더욱이 한국에서처럼 많은 성숙한 예술인이 스스로 신앙을 찾는 마당에서는, 더 이상 어설픈 외래에 의존함이 없이 진정한 우리의 언어로 일을 훌륭히 해내리라는 크나큰 기대를 걸어 봅니다. 아무쪼록 여기 모이신 여러분께서 참신하고 활기찬 전기를 마련하는 데 앞장서 주시기를 진심으로 바라는 바입니다.

가톨릭미술상의 취지

"제1회 가톨릭미술상"(1996.2.24, 명동성당 문화관 소강당), 주관: 한국천주교주교회의문화위원회

미술인의 해인 1995년을 맞아 우리나라에서 날로 깊이 뿌리내리고 있는 참다운 종교미술이 더욱 좋은 열매를 맺는 데에 조금이나마 도움이 되고자 여러 사람의 뜻을 모아 이제 가톨릭미술상을 제정하게 되었습니다.

돌이켜 보면 첫 성미술전聖美術展이 열린 1956년으로부터는 40년, 1970년에 가톨릭미술가회가 본격적으로 창립된 이래로는 4반세기에 걸쳐 이 땅에서의 교회미술은 쉽지만은 않은 길을 꾸준히 말없이 걸어왔다 하겠습니다.

우리 모두가 겪고 있는 문화적 단절과 혼미 속에서도 많은 훌륭한 작가들이 종교미술에 진지하게 참여함으로써 신자 예술인으로서 자신의 실존에서 익어 나오는 발언을 하고 있음은 참으로 반갑고 고마운 일이 아닐 수 없습니다. 한편 한 나라의 신앙의 성숙도를 그 나름대로 가늠하는 종교미술의 영향력과 중요성에 대한 의식이 우리나라에서 이제나마 싹트기 시작한 것 또한 매우 다행한 일입니다.

이러한 오늘의 상황에서, 우리나라 종교미술에 크게 이바지한 분들의 발자취를 특별상으로 기리면서, 아울러 현역 미술가들의 5년 이내 근래 작 가운데 우리 모두에게 거울이 되고 힘이 될 만한 것을 가려 분야별

본상을 수상하기로 하였습니다. 이로써 우리나라 종교미술의 앞날에 한 희망찬 전기를 마련할 수 있다면 더없이 보람된 일이겠습니다.

    가톨릭미술상의 시상은 미술가의 주보이신 복자 후라 안젤리코 축일인 2월 18일에 해마다 거행하게 됩니다.

1996년 2월 24일

한국천주교주교회의문화위원회
위원장 장익 주교

아름다움이 세상을 건지리라

2000년 후라 안젤리코 축일에

오십 년대 말엽에 열린 '성미술전'을 계기로 태동한 가톨릭 미술가들의 모임은 그동안 해를 거듭하면서 회원들의 꾸준하고 진지한 협동과 열린 친목으로 내실을 다져 왔습니다. 곳곳에서 해마다 회원전을 열어 온 지도 삼십 년이 되어 가고, 이제는 뜻을 같이하는 교우 미술가 모임들도 전국 어디에나 있기에 이르렀습니다. 바야흐로 한 세기를 마무리하고 구세주 강생 2000년을 경축하는 '새날 새삶 대희년 미술전'을 여는 이 마당에 누구나 절로 마음이 숙연해집니다. 그것은 그렇게 다가오는 새천년기라는 '때'의 의미를 어떻게 새겨야겠느냐는 물음을 넘어, 우리 스스로 미래에 어떠한 삶의 의미를 능동적이고 창의적으로 담아 나가야 할 것인지를 묻지 않을 수 없기 때문입니다.

이렇듯 우리 모두에게 주어진 미지의 세계로 문이 열리면서 하나의 다시없을 고마운 기회와 아울러 문화·역사상의 엄숙한 책무가 주어진 것입니다. "아름다움이 세상을 건지리라." 도스토옙스키의 수수께끼 같은, 또 예언 같은 말대로입니다. 예술작품이 그 자체 안에 자신의 증거를 지니고 있는 한 어둠과 거짓과의 결투에서 언제나 이길 것이기 때문입니다.

이럴 때면 우리는 자연히 궁극을 묻게 됩니다. 궁극을 묻는 일은 또한 종교 신앙의 본령이기도 합니다. 그렇기에 아마 다른 누구보다도, 미술인인 동시에 신앙인인 사람은 자신의 실존을 하나로 담아내는 남다른 고뇌와 희열과 보람과 사명을 띠고 있다 하겠습니다.

이번에 진정 획기적으로 열리는 대희년 맞이 전국 미술전이야말로 그러한 삶의 또 하나의 값진 열매로 우리 모두 마음으로부터 경하할 일입니다.

2000년 2월

한국천주교주교회의문화위원회
위원장 장익 주교

가톨릭 성당건축전에 부쳐

성당은 집입니다. 예로부터 라틴어로 'domus Dei', 즉 '하느님 집'이라 불러 오늘날도 주교좌성당을 이태리에서는 duomo, 독일에서는 Dom이라고 합니다.

집이라면 사람이 거기 깃들어 사는 곳인데, 굳이 '하느님 집'이라 이름하는 집이 따로 있을 이유는 무엇일까 묻게 됩니다. 우주 만물을 지어내신 하느님이시라면 온 세상이 다 그분의 집일진대, 특별히 집을 축별祝別하여 지어 드려야 할 까닭이 없어 보이기도 합니다.

그보다는 놀랍게도, 조물인 인간을 어찌나 사랑하셨던지 몸소 이 세상에 오시어 인간을 바로 당신 가족으로 삼으신 그러한 하느님을 믿는 우리 마음의 구현이 곧 성당이 아닐까 합니다.

다시 말해 성당은 그러한 믿음으로 사는 이들이 하느님을 아버지로 모시고 한 식구가 되어 찬미와 감사와 기쁨 안에 모이는 집입니다.

다만, 집이란 가족을 그 안에 담는 그릇인 만큼, 시대나 고장과 겨레 나름대로 그 가족이 세상을, 하느님과 사람, 사람과 사람 사이를 어떻게 느끼고 알아듣고 사느냐에 따라 그 뜻과 모습도 저마다 달리 나타나는 것이 당연합니다. 성당을 무엇보다도 주님을 중심으로 하는 밥상공동체로 여기는지, 아니면 최종 목적을 향해 함께 길을 가는 나그네들이 잠시 머무는 장막으로 보는지, 또는 완세完世의 하늘나라를 이승에서 예표하는 성속聖俗을 가르는 신비롭고 영화로운 성전으로 세우는 것인지, 속된 시정市井을 벗어난 금기의 성역인지 아니면 오히려 마을을 그 품에 다 끌어안는 안방인지, 또는 하늘 드높은 곳에 계시는 하느님을 향해 들어 올리는 마음의 기도가 위로 솟는 공간으로 짓는 곳인지, 그와는 달리 우리와 언제 어디서나 함께 계시는 하느님을 수평으로 모시는 우리 삶의 터전과 동질적인 성속이 곧 하나인 '일상적'인 평범한 자리를 마련할 것인지, 요컨대 어떠한 곳에 누구를 위해 무슨 뜻으로 성당을 짓는가가 교회 건축의 핵심이 아닐 수 없습니다. 이는 어떠한 조형미나 형식이나 공법이나 규모 또는 경비에 앞서야 하는 근원적이고 본질적인 물음이라 하겠습니다.

다만, 신앙공동체가 그러한 자아의식을 뚜렷이 정립한 바탕 위에 이를 하나의 성당으로 구상하고 구체화함에 있어 세 가지 중점적 요소의 조화를 치우침 없이 반드시 이루었으면 합니다. 그 하나는 뜻, 둘은 쓸모, 셋은 아름다움입니다. 또 이 세 가지가 그 시대 그 고장 사람답게, 진정 자기답게 하나로 어우러져야 참되고 뿌리 깊고 값진 집이 이루어지리라 믿습니다.

근년에 우리나라에서는 세계에 그 유례를 볼 수 없을 만큼 많은 성당을 짓고 있습니다. 여기 담긴 열정과 노력과 희생은 그저 경탄스러울 따름입니다. 그런 한편 이토록 놀라운 일에 쏟을 힘을 생각할 때 -비록 오늘 우리는 모두 문화적 단절과 혼미와 모색의 시대를 살고 있기는 하지만- 그 엄청난 노력의 결실이 조금 더 알차고 이 나라 문화사에 조금 더 기여할 수 없을까 생각하게 됩니다.

고맙게도 이러한 상황의 시대적 책임을 느끼고 성숙한 신앙인 예술가로서 기량을 발휘하는 좋은 건축가 여러분의 꾸준한 헌신이 훌륭한 열매를 맺어 나가고 있음은 더없이 보람차고 기쁜 일입니다. 그 중에서도 돋

보이는 결실을 처음으로 한데 모아 이처럼 가톨릭 성당건축전을 열게 된 것은 이 땅의 교회문화사상 매우 뜻깊은 일이 아닐 수 없습니다. 앞으로 건축가와 조형미술가가 힘을 합쳐 더욱더 아름다운 꽃을 피워 나갈 것을 확신하며 진심으로 경축하는 바입니다.

2002년 5월 30일

한국천주교주교회의문화위원회
위원장 장익 주교

창작과 신앙

『司牧』 제27호, 1973년 5월, 4~7쪽.

　　몇 해 전에 파리에서 큰 회화전繪畫展이 있었다. 예심豫審에 뽑히기도 어려운 이 전람회에 한국인 화가들의 작품이 여러 점 입선하여 화제가 되었다. 그림에 조예 깊은 어느 프랑스인 한 분과 함께 관람을 하러 갔는데, 그분이 한국인 작품을 유심히 보기에 감상이 어떠냐고 물었다. 그분은 한참 머뭇거리던 끝에 "글쎄요 … 놀랍게 잘 그렸습니다. 재치는 대단한데 어딘지 진실하지가 않다고나 할까요 … 자기의 말이 아닌 말을 하고 있는 인상을 주네요" 하는 것이었다.

　　우선 화가가 아닌 우리 귀에도 거슬리는 소리였다. 분명 아픈 데를 찌르는 말이었다. 그래서인지 몇 해가 지난 오늘에도 그 말이 좀처럼 뇌리에서 사라지지 않는다. 그러나 되새겨볼수록 고마운 한마디였다고, 진실한 우정에서 해 준 말이었다고 느껴지는 것도 사실이다.

　　그만큼 예술은 우리 스스로를 우리에게 보여 주는 거울이라 할까, 하여튼 삶의 거짓만은 끝내 용납하지 않는 것이다. 또 그만큼 작품생활이란 진실 안에서 자아와의 적나라한 대결이 아닐 수 없다는 것이다. 철인은 비록 개념으로써 '인간은 무엇이냐'고 물을지라도 '인간 너는 누구냐'는 물음은 삶과 예술 밖에서는 찾아볼 수 없으리라.

또 그렇기에 고래로 예술이 종교와 공생해 온 것도 우연일 수가 없다. 그것은 오랜 역사를 통해 종교적 주제가 예술 창작의 소재가 되었다거나 종교집단이 작품의 경제적, 사회적 뒷받침을 한 데에서 연유한다기보다 종교와 예술 둘 다 인간에 대한 궁극적 말을 끝없이 묻기 때문이 아닌가 한다. 즉 둘 다 아무도 대신할 수 없는 '내' 삶의 창작으로 참된 인간성을 찾기 위해 산고를 치르고 몰아의 죽음을 겪어야만 하는, 근본적으로 공통된 경지에 서 있기 때문일 것이다.

뿐더러, 마치 그리스도 신앙이 인간에 대한 궁극적 말을, 말씀인 나자렛의 예수에게서 듣는 데 있어, 수난과 해탈과 부활과 생명에 대한 이 전갈이 우리에게는 한편 구원과 희망의 복음이면서 아울러 심판의 말씀이 된다. 이렇듯 예술의 말인 작품 또한 일단 '형언形言'되어 작가의 손을 떠나면 우리가 누구이며 누구일 수 있는지를 말해 줌으로써 작가 자신과 더불어 그를 낳은 시대와 세계를 드러내면서 심판하는 진리가 되고, 더욱더 철저한 몰아沒我로써 더욱 진실한 자기표현과 인간성을 찾으라는 부름이 되는 것이 아닐까? 예수도 자기 자신을 버리고 초월함으로써, 자신을 몰아의 극치인 죽음에 붙임으로써, 온전히 자기 자신이 되고 가장 인간다운 인간이 되었듯이 참 작가 또한 그의 역설적逆說的 길을 따라 나날이 '죽음을 살면서' 끝없이 진실을 추구하는 것이다. 이 죽음에 정녕 거짓이란 있을 수 없는 것이다.

부활신앙에 산다고 자처하는 우리로서, 어떻게 보면 경화되어 가는 인습과 타성에 안주하는 교회로서, 참된 예술가들의 이런 삶을 볼 때에 절로 삼성三省하고 배우지 않을 수 없다.

고금古今에 드문 초성草聖이라 불리우는 간우임干右任 옹翁의 화폭畵幅을 흰 벽에 걸어 놓고 넋을 잃고 쳐다보곤 한 적이 있었다. 무심코 보면 천진한 아이가 쓴 글씨라고도 할 만큼 아무 힘도 들이지 않고 물 흐르듯 써 내려간 것 같은 화풍이다. 아무리 보아도 추호의 꾸밈도 객기도 어린 데가 없고, 세상 사람이 알아주는 것에는 도무지 염두에 두지 않고 쓴 마음이 그대로 보인다. 쓴 사람 자신마저 잘되고 안 된 것, 마음에 들고 안 드는 것조차 헤아리려 하지 않고, 설사 마땅치 않더라도 고쳐 쓰지 않았을 마음가짐이다. 그야말로 우인지경愚人之境에 든 글씨라 하겠다.

자아自我에의 집착에서 정화淨化된 나머지, 아니 바로 그렇기에 자기만이 도달할 수 있는 일회적一回的이고 다시없이 개성적인 경지에 든 것이다. 이것이 '나'의 삶을 창작하는 법法이리라.

어느 시詩에선가 말하기를 바위틈에서 싹튼 한 가닥 풀잎에 맺힌 이슬 한 방울 안에 우주宇宙와 만상萬象이 담겨 있다고 했다.

이렇게 -개념概念의 메마른 세계나 논리의 부질없는 필연必然과는 너무나도 달리- 산 진실과 아름다움은 한 가닥 풀잎, 한 폭 글씨나 그림에서 표출되는 개성의 일회적 구현에서만 시공時空을 넘어 모든 개체적 실재實在를 초월하고 포괄하는 불후不朽의 말, 인간의 참말이 되어 주는 것이다. 그러나 개성의 이러한 구현의 역설逆說은 자신이 죽지 않고서는 자신으로서 그리고 보편적 의의意義로서 성취될 수 없다는 데에 있다.

또 그렇기에 -대상, 금상 따위의 배분은 얼마든지 조작될 수 있다 하더라도- 걸작은 인간이 누구이며 누구일 수 있는지를 우리에게 말해 주는 참 창작이기 때문에 온 인류가 성인聖人을 알아보듯이 알아보는 것이다.

지난해 이맘때 바로 오월 그믐날, 로마 베드로 대성전에 들어서자 오른편에 있는 미켈란젤로의 유일한 서명 작품인 피에타를 어느 미친 호주인 지질학자가 "나는 예수 그리스도다" 하고 외치면서 쇠망치로 때려 성모상의 코와 손을 파손한 사건이 있었다. 실로 온 세상이 충격을 받고 경악하였다. 그 이튿날 로마 미술대학에서 열린 피에타에 대한 특강에서는 교수, 학생 할 것 없이 모두 울음을 터뜨렸다 한다. 그것은 하나의 무쌍절묘無雙絶妙한 예술품의 훼손을 비탄하는 눈물만은 아니었다. 이 작품에서 산산조각으로 흩어진 오십여 점의 파편과 더불어 인류의 마음 안에 오백 년이나 소중히 간직해 오던 이를 데 없이 귀중한 인간상이 같이 깨졌던 것이다. (아니면 우리 마음의 거울이 벌써 깨져 있었음이 우발적 불상사로 보이는 이런 사건에서 드러난 것일까?)

여하튼 우리는 이런 일로 해서 예술이나 종교가 뜻하는 인간의 참 모습 추구가 (인간이 얼마나 아름다웠으면 신도 인간이 되었으랴) 그 얼마나 존귀하며, 반면 우리 자신은 삶의 창작에서 그 얼마나 멀어졌는가를 새삼 깨닫게 된다. 우리 모두가 이루는 인류사회 그리고 그 안의 각자가 흐려져 가는 '나'의 진실을 되살리고 새롭게 하여야겠다는 긴박감을 갖게 되는 것이다.

그런데 정치나 경제 표어에 비친 인간상은 고사하고라도, 신학이 말하는 신상神像과 여기 조응하는 인간상人間像은 어떠한가? 미美요 동動이요 생生인 신神에 대한 말이 어찌 그다지도 없는가? 믿음은 미래에 있어서의 무한한 성취 가능성을 말하건대 왜 정연한 개념의 세계만을 전개하려는가?

하기야 체스터턴[1]의 말로는 (신학자도 그렇겠지만) 철학자는 하늘의 별들을 제 머리 속에 집어넣으려고 해서 머리가 그렇게 아프다고 하였다. 도리어 시인처럼 머리를 하늘의 별 틈에 끼워 보는 것이 어지럽기는 할망정 한결 인간다운 일인지도 모르겠다.

분명한 것은 이제는 그 어느 때보다도 생활에서 진실과 아름다움 없이는 사람답게 살 수가 없는 세상이 왔다는 사실이다. 제2차 세계대전이 끝났을 때에 오스트리아는 패전한 독일의 속국으로 연합군정 치하에서 민생고가 극심했다. 영양실조로 얼굴이 부은 사람, 일자리를 찾아 헤매는 사람으로 가득했다. 그러던 중 나라의 형편이 겨우 좀 나아지자 첫 사업으로 그때 사정으로는 막대한 금액이었던 일천만 불을 들여 우선 전란에 파괴되었던 저 유명한 국립 오페라좌부터 재건하였다. 관람객이 신선한 공기까지 마시게 하느라 멀리 있는 숲이 우거진 공원의 공기를 끌어대도록 시설하였다.

먹지도 못하는 주제에 가극은 무슨 가극이냐고 할 수도 있었을 것이다. 그러나 그것이 아니었다. 바로 먹지도 못하니까 음악을 가꾸었던 것

[1] 길버트 키스 체스터턴 (Gilbert Keith Chesterton, 1874~1936) 런던 출생이며 명문인 세인트폴교(校)를 거쳐 미술과 영문학을 공부하였다.
20세기의 가장 영향력 있는 영국 작가 중 한 명이다. 그는 다양한 저널리즘, 철학, 시집, 전기, 로마 가톨릭교회 작가, 판타지와 탐정소설 등을 다작했다.

이다. 몰인정해지고 마침내 비인간이 되기 알맞은 판국이기에 아름다움을 찾아 마음부터 가꾸었던 것이다. 예술가는 물론, 종교 신앙으로 살고자 하는 우리들도 다 같이, 그리고 각자 '금강산도 식후경'이 아니라는 증인證人 터가 아니었던가.

　최근 미술작품으로서의 작품을 따로 인정하지 않으려는 움직임이 있다. 매우 파격적 미학 견해라 하겠다. 피카소도 재작년에 파리에서 유례 없이 성대하게 열렸던 그의 회고전에 나타나기를 거절했다. (이가 아파야 치과에 가느라고 파리에 간다고 했다.) 미술관은 예술의 무덤이라고 했다. 역시 삶이 바로 예술이라는 주장이다.

　종교로서의 종교도 한번 의문에 붙여 볼 일이다. 삶이 바로 종교라야 하겠기에, 그래야만 신앙도 참 신앙이 되겠기에.

성당 내부
– 뜻과 쓸모와 아름다움을 찾아서 –

『평화신문』 1994.10.30~11.27.

1. 성당, 극장인가 잔칫집인가

우리나라처럼 성당, 교회당을 한꺼번에 많이 짓는 나라도 세상에 없다. 거기에 쏟는 엄청난 자금과 노력과 희생에 비해 그 상징적, 예술적, 기능적 가치로 백년 천년 귀하게 남길 만한 것이 몇이나 될지 의문스럽다. 아니, 안목이라도 있는 사람이 와서 "이 많은 소문난 한국 종교 건물 중 정말 잘된 것 하나만 보여 주시오" 한다면 어쩔까 싶다.

신자들의 눈물겨운 결실
거기에는 사정이 없는 것도 아니다. 조선조의 붕괴와 아울러 들이닥친 외세의 물결에 무방비로 밀려 전래 문화의 고유 언어가 자아를 잃어만 가던, 융화와 종합이 아닌 혼미일로에 빠지던 바로 그 무렵, 그리스도교 본산이라면 본산인 서구로부터 그쪽 정신문화사로 보아서는 어쩌면 가장 한심하게 경색한 건축·미술풍이 마치 절대규범인양 그대로 이 땅에 여과도 비판도 없이 수입 내지 주입되었던 것이 실정이다.
   그 이래 일제다 해방이다 분단이다 전란이다 정변이다 하면서 정신없이 세월을 보내는 동안 골목마다 접어들면 수도 없는 교회당이 낮이면 삐죽삐죽, 밤이면 불긋불긋 아무렇게나 솟아오르면서 생각 있는 많은 이들의 마음을 그저 무겁고 서글프게만 만들고 있다.

마음이 갈수록 더 아프고 안타까운 데는 그럴 만한 까닭이 여럿 있다. 그 하나는, 어려운 이들을 포함한 많은 신자들의 때로는 눈물겨운 귀하디귀한 결실이 왜 겨우 이래야 하느냐 하는 안타까움이다. 이 말은 결코 더 호화로워야 한다는 뜻이 아니다. 그 반대이면 반대이다. 또 하나는, 왜 애써 지으면서 그토록 속되게 짓고, 더구나 생각 없이 짓느냐는 답답함이다. 같은 값에 얼마든지 한결 더 뜻있고 더 아름답고 더 쓸모 있게 지을 수도 있을 터인데, 오늘날 우리나라에 깊이 있고 무르익은 건축가나 미술가가 그렇게도 없단 말인가. 작가들의 이른바 창작성에 일을 다 내맡겨 버리자는 뜻은 아니다. 요컨대 매우 외람된 말이겠지만 우리 모두 무감각과 무관심과 몰이해와, 심지어 무지의 공범이 아닌가 감히 생각해 본다.

예로, 교우들이 집집마다 벽에 거는 성화 하나를 놓고 생각해 보자. 그 성화를 매일마다 마주하는 교우의 신심은 은연중 그에 상응하여 달라지면서 제 나름의 그리스도상을 마음속 깊이 지니게 될 것이다. 어쩌면 수십 시간 교회 강론의 힘도 이에 못 미칠지 모른다.

성당이라는 공간의 안팎도 마찬가지이다. 성당은 우선 집이다. 그러나 어떠한 집인가? 하느님 집이라고도 하고 특히 모금할 때면 -사도 바오로 말씀으로는 이젠 없어졌다는- '성전'이라는 어마어마한 말도 잘 쓴다. 우주 만물을 지어내신 하느님께서 어찌 집이 아쉬우시랴. 그보다는 사랑으로 우리 가운데 함께 계시기를 원하시는 하느님을 아버지로 모시는, 그리스도를 머리로 한 자녀인, 이 세상 사는 우리들의 글자 그대로 교인들의 모임 터인 '교회'라야 옳은 일이다. 아버지를 흠숭하며 아버지와 한 방에 모여 앉아 그 고마우신 말씀에 마음의 귀를 열고 우리 일상의 삶을 봉헌함으로써 화답하며, 그 베푸시는 상에 둘러앉아 가이없는 사랑의 양식인 그리스도의 몸과 피를 나누어 받아 모심으로써 주님과 하나 되고 서로 한 몸이 된 기쁨을 세상에 도로 전하러 나가는 그런 집이다.

식구들이 어울리는 집
누구나 다 알 만한 이런 뻔한 소리를 감히 하게 되는 것은 대부분 성당을 보면 명색이야 어떻든 그게 과연 그런 집인지 아닌지 그 생김새로 보아서는 도무지 알기 어려워 헷갈리기 때문이다. 그렇다면 어떤 집으로 와 닿아야 옳을까?

성당은 별천지 같은 궁전인가, 그저 모여서 듣고 기도하는 집회소인가. 이승 길손들의 장막인가, 아무나 범접 못하는 신비로운 곳인가. 버려진 이도 편히 깃드는 사랑방인가, 밥상을 가운데로 식구가 모이는 잔칫집인가? 뜻있는 집, 그 속뜻을 알아차릴 수 있는, 그냥 건물이 아닌 그런 집이 아쉽다. 또 진정한 아름다움과 쓰인 자재의 가격과는 전혀 별도의 일이 아닐까. 나아가서 집이 집이라면 식구들끼리 되도록 잘 어울릴 수 있고 모두 하나 되어 행동하기에 걸맞아야 함은 당연하지 않을까.

"성당, 극장인가 잔칫집인가?"라는 물음은 1995년 2월 세미나를 앞둔 준비의 첫 마디였다. 이렇게 물어보는 데는 그 나름대로의 진지한 의도가 있다. 역사를 보면 믿는 이들의 모임은 다락방을 비롯, 사람 사는 집을 거쳐 신전 아닌 공회당의 형태, 제대를 가운데 둔 비잔틴의 짧은 십자형, 조금 깊어진 로마네스크형, 앞으로 뻗으면서 위로 솟은 고딕형, 인본주의 르네상스의 수평형, 전통 교리에 무게를 실은 무대화된 바로크형 등으로 많은 변천을 겪어 왔음을 본다. 그것은 단적으로 그 시대마다 교회의 자아의식의 발로이기도 하다.

이제 함께 반성할 때
그렇다면 오늘의 우리는 '왜', '어떠한' 교회공간을 원하여 짓는가? 너무나 당연하다고 여겨서인지, 아무도 그 까닭을 몰라서인지, 답하기가 어려운 모양이다. 다들 그렇게 지으니까 그저 짓는 것일까? 설마 평당 지가에 인원 수용력이 절대 요소일까? 아니면 그야말로 생각 없이 짓는 것일까?

좌석은 열이면 열, 신자들을 꼼짝없이, 도저히 한 식구로서 마주 볼 수 없도록 줄지어 앉혀 놓는 벤치에 묶어 놓고, 저 앞의 제단은 잘 보이라고 그렇겠지만, 마치 졸업식 때 귀빈 단상처럼 높인 다음 '출연자'는 이를테면 무대 옆문으로 나타났다 사라졌다 하면서 '관중'을 내려다보는데, 그래도 과연 한상 식구들인지 –우선 이런 기본적인 것부터 좀 함께 심각하게 생각해 보면 어떨까?

2. 제대는 두레상인 터에

"성당, 극장인가 잔칫집인가?" 하고 지난번 물어본 것은, 일단 '성당'이라는 곳의 본연이 무엇인지 함께 생각해 보자는 뜻에서였다.

성당은 무엇보다도 믿는 이들이 공동체로 모여 하느님을 섬기는 곳이다. 다만 그 모이고 섬기는 일이 매우 다양하다. 그런 만큼 획일적으로 고정된 형태의 틀로 성당의 내부 공간을 굳혀 놓기보다는, 다양한 일들을 편하고 융통성 있게 거행할 수 있으면서도 그 종교적 의미가 매번 뚜렷이 보이고 또 안정되고 아름답고 품위 있는 통일성을 지킬 수 있도록 안배하는 것이 요체라 하겠다.

그러려면 우선 모이는 이들 모두가 쉽고 자연스럽게 서로 만나고 반기는 '우리'가 된 가운데 부활하신 주님께서도 함께 계심을 느끼도록 돕는 공간이 바람직하다. (모두 다 앞의 벽 쪽만 보고 앉아서야 일이 되겠는가.)

나아가서 생명의 말씀이 (되도록이면 기계 소리가 아닌 살아 있는 육성으로) 누구에게나 가까이 잘 들리고, 거행되는 모든 일이 잘 보이며, 참여자 누구나 겉도는 관람객이 아닌 '집안 식구'로 느껴져야 마땅할 것이다. 뿐더러, 거행하는 모든 일에 있어 주례를 비롯 각자가 공동체를 위하여 맡은 바를 편하게 수행하면서 그 뜻이 돋보일 수 있도록 각자의 자리를 배치하는 일이 중요하다 하겠다.

이 모든 것의 중심은 역시 제대이다. 신앙생활의 원천이자 절정이 곧 주님의 만찬이기 때문이다. 교회로서의 지극한 숭신례가 이루어지는 곳도 바로 제대이기 때문이다.

그러므로 제대의 위치는 모두를 하나로 모으는 구심점이라야 한다. 제대는 제헌의 자리이자 형제적 애찬의 자리인 만큼, 되도록이면 모두가 시원스레 둘러서서 '한상 식구'를 이루는 것이 옳다. 주님께서도 최후만찬 때, 이를테면 '두레상'을 가운데 놓고 제자들과 함께 서로를 바라보면서 아버지를 모시지 않았던가.

예부터 제대는, 그리스도께서 영원한 사제직을 거행하시는 천상 제대의 상징이자 그리스도 자신(십자가 죽음과 무덤)의 상징으로서, 지존께 대한 예로써 이를 대해 왔다. (편의에 따라 이리저리 옮기거나 다른 용도에 함부로 쓰지 못하는 법이다.)

그 역사에는 여러 단계가 있다. 사도들과 그 직제자 시대에는 예수님 때처럼, 밥상이 곧 젯상이었다. 곧 만찬의 그 자리에서 빵과 포도주를 봉헌·축성하여 서로 나눔으로써 주님과 하나 되고 서로 한 몸이 되었던 것이다. 그러나 제의祭儀의 뜻이 차츰 더 고조되면서(1고린 10,21) '주님의 상'으로만 쓰이는 삼각상 또는 둥근상을 교우들이 모이는 집에 따로 두기 시작했다.

그러다가 4세기 초부터는 순교자, 즉 최고의 신앙고백자의 석관이나 유해와 관련된 돌제대가 쓰이기 시작한다. 바닥에 고정된 돌제대를 쓰게 되면서 '모퉁이의 머릿돌'이신 그리스도를 뜻함과 아울러 종교 자유와 이후 교회건축의 한 요소의 몫도 하게 된다. 이 무렵, 희생을 통한 순교자와 그리스도와의 결합의 관념도 굳혀진다.

이렇게 시작된 돌제대는 9세기까지는 비교적 자그마한 1평방미터쯤의 소박한 것이었다. 회중은 광명이신 그리스도를 향해 동향으로 서고, 주례는 교우들을 향해 서향으로 서는 것이 원칙이었다.

그러나 9세기 말경부터는 제대 위에 (여러) 성인의 유해를 모셔 놓는 괴이한 관행이 생겨 그 외적 형태에 심각한 변화를 일으켜, 마침내 제대는 그 신성한 독자성을 잃고 벽에 가 붙으면서 과다한 장식으로 도리어 그 의미마저 흐려지게 된다.

제대 변형의 마지막 단계로는 16세기부터 (일부 종교개혁에 맞서) 제대 위 한가운데에 감실을 (더러는 오늘날까지) 모시게 된 것을 들 수 있다. 여기에는 본말이 전도된 문제가 없지 않다. 제병은 성찬의 과정에서 축성되는 것이고, 본래는 이를 불참자 (특히 병자)에게 모셔다 주고 남은 것을 봉안하기 위한 곳이 감실이기 때문이다. (이 문제는 성체신심과는 별도로 재론하겠음.)

그리스도의 자헌自獻의 터전이며 성령께서 강림하시는 지존처인 제대 위에는 (가급적 촛대가지 포함) 다른 아무것도 놓지 않는 것이 오랜 전통이며 지당한 도리이다.

또, 오직 한 분이신 주 예수께서 우리와 한 몸이 되시는 자리인 제대가 한 성당 안에 단 하나만 서 있어야 하는 것도 당연한 이치이다. 따라서 제대 후면 또는 주변 일대에 눈길을 너무 끌어 단 하나이어야 할 중심 이외에 관심을 주는 것(비록 성상일지라도)도 없어야 마땅하다.

제대는 죄인인 우리가 감히 초대받아 둘러앉는 주님의 상이고, 그 두 레상이 가운데에 놓인 방이 성당임을 잊지 말자.

3. 독경대가 어찌 해설대인가

주님의 자녀들이 그 둘레에 모이는 상이 제대라면 제대는 당연히 성당의 중심이 아닐 수 없다. 그러나 이와 아울러, 하느님의 말씀이 사람들을 불러 모으는 만큼 말씀 없는 전례란 있을 수 없고, 말씀의 상인 독경대 또한 제대와 짝이 되어 성당의 중심을 이루어야 마땅하다.

그러려면 회중이 자연스럽게 그쪽을 바라보며 잘 들을 수 있는 핵심적인 자리에 서 있어야 할 뿐더러, 생명 말씀의 상징으로서 그 품위와 격이 자재나 아름다움에 있어서도 제대와 같아야 옳다고 교회는 가르친다.

독경대는 흔히 편의상, 사제석 가까이 세워지기 일쑤이다. 그 참 의미나 기능으로 보아서는 오히려 돋보이게 따로 있고 말씀을 듣는 회중 가까이, 아니면 아예 회중 가운데 세우는 것도 신중히 고려해 볼 일이다. 독경대는 이름 그대로 성경 말씀을 봉독하는 데에만 주로 쓰이는 것이 제격이고, 쓰지 않을 때에는 성서를 그 위에 펼쳐 모셔 둠으로써 그 뜻과 품격을 드러내 보이는 것이 좋을 것이다.

물론, 성서 말씀을 우리 삶의 현실에 끌어들여 풀이하는 강론에도 독경대가 마땅한 자리이지만, 강론은 그 성격으로 보아 주례석에서 하는 것도 매우 합당하다 하겠다.

다만, 한 가지 반드시 삼가야 할 점은 독경대와 해설대를 혼동하는 일이다. 독경대에서 일반 강연이나 미사 해설 또는 성가 지휘 따위를 해서도 안 될 말이고, 반대로 평신도가 성서 봉독을 한다고 해서 해설대를 씀으로써 말씀을 격하시켜서도 안 될 일이다. 뿐더러 독경대와 해설대의 외양이나 품격이나 위치도 엄연히 구별되어야 마땅한 것이다. 그럼에도 도처에서 그러한 혼동이 계속되고 있음을 보고 놀라지 않을 수 없다.

본래 해설대란 전례에 있어 라틴어 전용에서 각국 현대어 사용으로 넘어가는 전례 쇄신 과정에서 신자들의 더 깊은 이해와 능동적 참여를 돕기 위해 임시방편으로 도입되기 시작했다. 이상적으로 말하자면 없을수록 더 나은 물건이다. '앉으시오', '서시오', '진지 한술 더 드시오', '국도 한술 뜨시오' 하면서 벌이는 잔치가 얼마나 어색하겠는가. 아무 소리 없어도 천연스럽게 진행되는 것이 오히려 당연하고 월등하게 낫지 않겠는가.

독경대의 내력은 그와는 아주 다르다. 종교의 자유가 주어져 본격적인 성당을 짓게 된 4세기부터 이미 중요한 의미와 자리를 차지한다. 그 본래의 상징은 빈 무덤으로써 온 누리에 부활의 복음을 외치며 노래하는 곳이었다. 그래서 그 꾸밈은 좀 높은 동산의 모양을 띠기도 하고 부활의 첫 증인이었던 막달라 여자 마리아, 베드로와 요한 등의 부조를 새겨 측면을 장식하기도 했으며, 그 곁에는 부활하신 그리스도의 상징인 훌륭한 부활 촛대를 세우기도 하였다. 독경대는 한마디로 하나의 기념비적인 강단이었다. 지금도 중세 이전의 성당들(예로, 로마의 산 클레멘테)에 가 보면 독경대가 성당 한가운데에서 건축적으로도 큰 비중을 차지하고 있음을 볼 수 있으며, 부활 복음 선포에 화답하기 위하여 노래하는 이들이 그 발치에 자리 잡고 있었음을 알 수 있다.

이처럼 독경대의 의미와 구조와 기능은 처음부터 불가분의 하나를 이루었다. 역사적으로 독경대는 본래 부제副祭의 전례적 자리였다. 그것은 부제가 빈 무덤의 사자使者(천사)로서 제단과 회중석 사이를 오가며 부활의 소식을 알리면서 둘을 하나로 이어 주는 역할을 하는 곳이었다. 그러나 그처럼 막중한 선포를 아무나 하는 것은 아니었다. 엄밀히 말하면 오늘도 그래야 하듯이, 독서직讀書職의 안수를 받은 자만이 부활을 선포하고 예언자와 사도들의 말씀을 전하도록 되어 있다. 또 말씀의 이러한 선포에 화답하여 송시직자頌詩職者(psalmista)를 선창으로 단하 층계에 자리한 소성가대가 이른바 층계송과 알렐루야를 회중과 어우러져 노래하였다.

성서 봉독에 이어 주교(또는 그를 대리하는 사제)는 구원 말씀의 주인이신 최후 심판자의 상징적 모습으로 등단하여 신자들의 삶을 그 말씀이 비추어 주도록 말씀의 현실적인 뜻을 풀이하는 강론homiletica을 하였다.

독경대는 이처럼 부활 선포와 찬양과 해석이 하나로 이루어지는 말씀의 상이다.

세월이 흐르면서 11~13세기부터는 독경대가 길어진(특히 고딕) 성당 저 앞부분으로 옮겨 가자 성가대도 따라 들어가 제단 성역과 회중 사이를 가리게 되었고, 강론대를 회중석 쪽으로 따로 내어 짓게 되기도 하였다. 게다가 성가대는 성가대대로 화음학의 발달과 더불어 비대해지면서 회중과 동떨어진 높다란 위치를 성당 측면 또는 후면에 따로 차지하게 되어, 본래 하나이던 부활 선포-찬양·해석-의 공동체적 유기성이 흐트러졌다.

그렇다면 오늘날 어떻게 독경대의 본연을 살펴야 할까? 모두 함께 풀어야 할 큰 숙제이다.

4. 감실을 등지고 서다니

성당은 교우들의 전례적 모임뿐 아니라 신앙공동체 누구에게나 아니, 찾아드는 비신자에게까지, 개인적으로도 늘 평화롭고 고요하며 묵상기도에 적합한 곳으로 편한 느낌을 주고 반겨 주는 집이라야 좋을 것이다. 그 아름다움과 존재 자체가 하느님 현존의 상징으로 와 닿아야 하지 않겠는가.

그러기 위해서는 전례 거행을 하지 않는 조용한 때에는, 성서가 독경대나 다른 편한 곳에 항상 놓여 있어 성당에 들어오는 사람 누구나 손쉽게 펴 보고 침묵 중에 생명의 말씀을 마음으로 들을 수 있도록 배려하면 큰 도움이 될 것이다.

교회는 또한 유구한 전통에 따라 성당 안에 주님의 십자가상을 비롯, 성모님, 성인들의 성상을 모셔 놓고 신자들의 신심을 도와 왔다. 다만 그 수효가 어수선하게 많거나 전례 거행 중에 분심을 주거나 같은 분의 성상을 한 성당 안에 여럿씩 모셔서는 안 될 일이다. 이런 면에서 한 가지 좋은 모범으로 뮌헨의 성 라우렌시오 성당을 들 수 있는데, 모든 구원받은 인간들의 예표이자 교회의 어머니이신 성모님의 아름다운 입상을 교우들 가운데 교우들과 함께 계시도록 제대를 향하여 돌려 모셔 놓는 것도 한번쯤 잘 생각해 볼 만하다.

그러나 뭐니 뭐니 해도 우리네 천주교인들에겐 감실 없는 성당은 왠지 썰렁한 빈집같이 그저 허전하기만 하다. 더욱이 중세기 초부터 일다가 한동안 퇴조했던 성체신심을 특히 성 비오 10세(재위 1903~1914)가 잦은 영성체의 적극 권장으로 크게 북돋운 이래, 감실의 비중은 본디 성당의 중심인 제대와 독경대를 압도적으로 누르고 한마디로 성당 전체의 심장으로 자리 잡게 된 셈이다.

하기야 이미 13세기 문헌에도 보면 어느 지역에서는 성체를 제대 위에 모시라는 지침이 나와 있었고, 베로나의 질베르티 주교(1524~1543)가 "심장이 가슴 가운데에, 머리가 정신 가운데에 있듯이"라고 외치며 제대 중심에 감실 놓기 운동을 벌여 밀라노 대주교 보로메오 같은 분도 감실을 제의방에서 제대로 옮기고, 로마에서도 바오로 5세가 1614년에 이를 교구 규정으로 채택하기도 하였다. 그러나 베네딕토 14세가 1746년에 이 규정을 전체 교회의 것으로 정하기까지는 그다지 보편화되지 않았었다. 거기에는 단지 관행뿐 아니라, 더 깊게는 제대에서 거행하는 미사 전례와 축성된 제병과의 근본 관계에서 연유하는 중요한 내력이 있었다.

감실이라고 하면 무엇보다도 성체를 봉안하는 곳이다. 그런데 그 기원으로 말하면, 옛날에는 주일밖에 미사가 없었으므로, 특히 환자들을 위한 노자성체路資聖體로 모셔 두기도 하고 신자들 또한 저마다 집에 모셔 두고 주중에 일용할 양식으로 스스로 영하는 신심 관행이 절로 생겨났던 것이다. 그러다 보니 성체를 올바로 모실 마땅한 양상과 자리, 소홀과 불경의 문제 등도 적지 않아, 그저 정결한 보에 싸서 신자 집안 어느 곳에든 모시던 관행을 금하고 결국 성당에만 모시도록 하였다.

당초에는 성당 제의실 내의 벽에 고정된 감실이나 천장에 매다는 '성체 비둘기'라는 그릇에 모시는 일이 흔하였으나, 교우들이 성체를 영할 뿐 아니라 사사로이 조배하며 기도하기에도 마땅한 곳으로 차츰 옮기려다 보니, 제대 가까이 따로 세운 탑 중심에 감실을 잘 꾸미기도 하고 성당 측면에 따로 성체 경당을 마련하여 '감실 제대'를 거기에 세우기도 했으며, 마침내는 중앙 제대 위에 올려놓기에 이르기도 하였다. 그런데 그 결과 심할 경우, 감실이 하나의 거창한 구조물이 되면서 제대가 도리어 그 받침대 같은 종속물이 되기도 하였다.

다만 여기서 깊이 생각해야 할 점은 축성된 빵의 형태로서 주님의 현존은 어디까지나 그리스도의 구원 성업을 기념하며 실현하는 전례 거행의 결과이지 그 반대는 아니라는 사실이다. 따라서 전례 거행 자체에 필요치는 않으며, 더욱이 미사 전례를 거행할 현장에 그것도 바로 제대 중앙에 미리부터 감실이 놓여 있어야 할 타당성이라곤 조금도 없는 터이다.

그런데 오늘날은 제2차 바티칸공의회의 전례헌장 정신과 가르침에 따라 거의 어디서나 제대를 중간에 놓고 집전 사제가 교우들을 향하여 미사 전례를 거행하고 있다. 그러면서도 감실이 성당의 중심이라는 경외심의 일념에서인지 쇄신된 전례의 뚜렷한 가르침에도 불구하고 새로 지은 성당에서마저 감실을 제대 뒷벽 한가운데에 둠으로써 무엄하게도 집전 사제가 줄곧 주님을 등지고 서게 하니 이게 웬일인가.

'미사 총 지침' 5장 276항에 보면, "성체는 교우들이 사사로이 조배하고 기도하기에 적합한 경당에 모셔 두는 것이 가장 바람직하며, 경당이 따로 없으면 성당의 구조나 그 지역 풍습을 감안하여 따로 작은 '제대'에 모셔 두거나, 아니면 성당 안 어느 한 곳에 고상하게 잘 꾸민 감실에 모시라"고 하였다. 이어 277항에는 "모든 감실은 견고하고 모독당할 염려가 없도록 만들어야 하며, 원칙적으로는 한 성당 건물에 하나만 있어야 한다"고 하였다.

제대, 성찬, 감실과 성체신심의 의미와 그 상호관계를 새로이 함께 생각하면서 전례공간을 더욱 잘 안배하면 얼마나 좋을까.

5. 좌석, 앉기 나름으로 뜻도 달라져

성당에 모이는 믿는 이들의 공동체는 무엇보다 '여기 함께 있다'는 것을 체험하고 이 '우리' 안에 부활하신 그리스도께서 함께 계심을 깨달을 수 있도록 자리를 잡는 것이 바람직하다. 그러려면 그 모임 자체의 내적 구성이 외적인 공간 배치로도 드러나 그 뜻을 누구나 알 수 있도록 해야 옳을 것이다. 구체적으로 그러한 만남과 깨달음을 돕도록, 모임에 참여하는 이들의 여러 임무에 따라 좌석의 방향과 형태와 상호관계를 잘 생각하여 정해야 할 것이다.

기본적으로는 그리스도를 머리로 믿는 이들이 그 지체를 이루지만, 여러 지체가 한 몸이 되듯이 한 모임을 위한 직능 또한 여럿이다. 크게 둘로 나누어 보자면 머리이신 주님의 모상이면서도 하느님 백성의 종으로서 전례를 주재하는 주례 및 그를 보좌하는 부제 시종, 독경 등이 있고, 그와 아울러 주님의 말씀과 성찬의 상에 초대되어 하나로 모인 지체들인 회중 및 성가대, 해설자, 여타 봉사자 등이 있다.

주례석은 전례 거행의 중심이므로 잘 드러나는 동시에 전체를 환히 보며 움직일 수 있는 곳에 시원하게 자리하면서도, 분명히 같은 한 공동체의 일부로 여겨지고 느껴지도록 일치를 중시하면서 마련해야 할 것이다. 회중석 또한 서로 평안히 바라보면서 전례의 흐름을 쉽게 보고 들으며 일체감을 유지하도록 또한 모두가 더욱 능동적으로 참여할 수 있도록 소밀과 동선, 방향과 기둥 같은 장애 등도 고려하여 제대로 배치해야 좋을 것이다.

본래 주례석은 주교의 좌석으로 예부터 단순히 '座=자리(kathedra, sedes)'라고 불렀는데, 주교좌가 아닐 경우 주교를 대리하여 파견된 사제가 전례를 주재하는 자리(총지침 271항)이다. 이 때문에 주교좌성당도 그냥 좌교회cathedral라고 부를 만큼 그 비중이 컸던 것이다.

첫 교부들(테르툴리아노 외)의 증언에도 사도들과 초대 주교들의 좌는 곳곳에서 더없이 소중히 보존하고 있다고 하였다. (로마에서는 베드로가 쓰셨다는 주교좌를 공경의 대상으로 삼기도 하였다.) 그것은 그리스도의 삼중직(왕직, 사제직, 교직)을 계승·수행하는 사도의 후계자인 주교가 맡은 교회에 머물면서(착좌) 목자로서 다스리고 사제로서 성화하고 스승으로서 가르치는 거점의 상징이었기 때문이다. 주교가 주례석에서 강론하는 관행도 여기에 근거한다.

이런 뜻을 잘 드러내는 것으로 이미 2세기부터 그리스도교 미술 사상 안에 좌정하여 다스리며 가르치시는 그리스도의 모습이 나타남을 본다. 이른바 '교황청'의 본 칭호는 '사도좌'이다. (일명 '성좌聖座'라는 별칭도 있다.) '교구청'이니 '교구장'이니 하는 관청 냄새나는 이름보다는 어폐도 없는 '주교좌', '주교'가 더 옳고 나아 보인다.

당초에 좌석의 모양은 매우 소박하여 대체로 반듯하고 등받이가 좀 높은 나무 의자였다. 그러나 11세기 이후에는 흔히 모자이크나 부조로 잘 꾸민 돌 의자가 되었고, 제대 저편 성당 중심축apsis에, 양옆으로 이어진 사제단석보다는 두어 단 높이 놓여, 제대를 사이에 두고 회중을 바라보았다. 후대에는 제단의 소위 '복음편'(회중이 보면 좌측)에 옮겨지면서 때로는 그 위를 닫집으로 꾸미기도 하였다. 부제석은 본래 주례석과 회중석을 이어 주는 중간 위치인 우측 독경대로 복음 선포와 강론을 하던 곳이었다. 여하간, 오늘의 상황에서도 전례를 원활히 유도하고 회중의 기도를 이끌며 재물을 준비하고 성체를 분배하는 등 독경대에도 가깝고 주례도 쉽게 보좌할 수 있는 자리라야 좋겠다. 부제가 좀처럼 없는 오늘날 그 자리에는 시종직자(보미사)가 대신 앉게 된다. 독서자들 또한 집전의 일익을 맡으므로 제단 영역 내 독경대 가까이 따로 마련한 자리에 앉는다.

해설자는 회중의 일원이므로 제단 영역 밖에 놓인 해설대 가까이 자리 잡는다. 성가대석은 본래 2중 대면형 쌍독경대 중(구약과 서간 봉독용) 좌측 독경대 하단 층계에 자리 잡고 소규모 성가대schola cantorum가 응송과 층계송을 하는 곳이었다. (동방교회에서는 원심형 독경대 하단이었다.)

그러나 창법이 발전하여 다성화음법이 12세기 말부터 성행하면서 성가대 인원도 부쩍 늘어, 1400년경부터는 받침기둥 위에 성가대석을 따로 크게 꾸미게 된다. 거대한 풍금의 활용과 더불어 노래도 갈수록 전문화되면서 회중은 점점 입을 다물기 시작하고 때로는 수동적인 음악감상을 하는 청중으로 전락하기도 했다.

하지만 예나 지금이나 성가대 본연의 최우선 임무는 회중의 기도와 찬미가 노래로 터져 나오는 것을 돕는 일임을 결코 잊어서는 안 된다. 또 성가대원 역시 어디까지나 함께 숨 쉬는 회중의 일부이므로, 늘 일체감을 가지고 전례 전반에 적극 참례하도록, 전례를 편하게 듣고 볼 수 있으며, 예물 봉헌이나 특히 영성체를 위하여 제단에 쉽게 다가갈 수 있는 위치에 자리 잡아야 옳다.

물론, 성가대는 결속과 행동의 자유를 위하여 고유 위치가 필요하다. 다만 회중과 멀리 동떨어진 2층 구조는 전례적으로(음악적으로도) 바람직하지 않다. 되도록이면 회중의 일부로 제단과 회중 중간 측면(또는 회중석 일각)에 위치하면서 성가대와 회중 모두가 함께 지휘자를 볼 수 있게끔 배치하되, 전례에는 분심이 들지 않도록 함이 가장 바람직하지 않을까 한다.

6. 세례는 주전자로, 제의는 수세미?

이른바 현대화만의 탓일까. 아무튼 플라스틱으로 만든 약과며 생률 따위를 그것도 비닐에 싼 채, 회갑연 큰 상에 고이기도 하는 세상이 왔다. 조립식 인조 '성탄 나무'도 두고두고 해마다 꺼내 쓰는 모양이다. 정작 속뜻은 점점 잊거나 잃어 가면서 오히려 그럴수록 더 요란하게 겉만 꾸민다면 이 얼마나 허황된 노릇인가.

본래는 맑은 물 한 사발을 떠 놓고도 조촐한 맞절과 합환주合歡酒 한 잔으로 종신의 신의를 서약할 줄 아는 우리네였다. 사람은 이처럼 속에 담은 뜻을 자연스런 몸짓이나 사물의 상징력을 통해 밖으로 드러내어 서로 알리고 아는 법이다. 인간은 이 세상 어떠한 것과도 달리 하느님을 닮았으면서도 또한 창조된 만물과도 하나로 통하기에, 우주 안의 온갖 사물과 형상과 움직임 하나하나가 무언가를 그에게 말해 주기 때문이다. 그래서 이런 모든 것을 통해 자기 자신의 핵심을 형언해 보려고 애쓰면서 자기 생명의 표징으로 삼곤 한다.

하느님께서도 우리에게 다가와 우리와 하나 되시기 위해, 보이지 않는 것의 보이는 표징을 통해 당신 자신을 드러내 주신다. 이런 의미로는 강생한 말씀이신 성자 예수님 자신이야말로 표징의 극치라 할 수 있다. 그래서 우리는 가장 깊은 뜻에서 바로 전례 거행에 있어, 특히 주님의 만찬례에서 이렇게 우리에게 오시는 참 생명의 샘이신 하느님과 만나고 하나 되는 것이다.

이 심오한 신비 앞에서 아우구스티노 성인은 "우리 인간성의 가장 위대한 본질은 우리가 하느님을 손에 쥘 수 있는 데 있다"고까지 말하였다. 우리 몸이 음식과 결합하듯이, 인간인 우리들 하나하나가 자신의 생명으로 하느님과 결합하여 하나 되고 서로 하나 되도록 당신 스스로를 더없이 낮추어 빵과 술이 되심으로써, 인간 본연은 하느님이 그리워 주리고 목마른 그런 존재임을 드러내 보이신 것이다.

다만, 이처럼 신비롭고 깊은 뜻을 그나마 알아볼 수 있게 하려면 이를 드러내는 소중한 상징들이 저마다의 상징력을 제대로 지니고 발하도록 해야 한다. 생명의 양식인 빵일진대, 그냥 보아서는 뭔지도 모를 동그랗고 얇따란 종이조각 같은 제병은 도저히 먹음직한 음식으로는 보이지 않는다. 십자가에서 흘리신 구원의 성혈 또한 말간 백포도주 가지고는 그 뜻이 보이지 않는다. 진한 적포도주라야 마땅하지 않겠는가.

큰 잔칫날 아무리 손님이 많다고 해도 얼른얼른 비스킷 한 개씩만 나누어 주고 마는 집도 있다던가. 간장이 상보에 검게 묻으면 귀찮다고 소금물로 대용하는 수도 있단 말인가.

지극한 정성, 삼가는 마음, 반듯한 몸가짐 이것 없이는 소홀해지고 말며, 소홀해지면 뜻을 저버리기에 이른다. 편의 위주만으로는 그 어떤 것도 살려내기 어렵다. 성당공간 전체와 각 부분도 깊이깊이 생각하여 그 '뜻과 쓸모와 아름다움'이 하나로 어우러지도록 힘써야 함은 물론, 그 안에서 행하고 쓰이는 모든 것에도 마음을 기울여야 하지 않겠는가. 말과 몸짓의 격조를 비롯 제물, 제구, 제의, 성상 그 밖의 사소한 데까지 생각이 미쳐야 마땅할 것이다.

건물 치장에는 값비싼 자재를 척척 쓰면서, 건물이라는 그릇에 담길 내용에는 어찌 그리 무심한가 싶기도 하다. (십자고상과 성작쯤은 누가 기증하겠지? 모 수도원 공방의 수사님 말씀이다. "몇 해 안 가서 영락없이 도금이 다 벗겨지는 엉터리 외제 성작을 고쳐 주느라 정작 해야 할 다른 일은 못 한답니다.")

"금빛 못에 신성한 방울방울을 받아 저 가이없는 사랑의 신비를 고이 담은 그릇이여 … 축성된 빵을 받아 들고 당신 자신을 제물로 아버지께 바치시는 예수님의 두 손이여 …" 성작과 성반에 관한 과르디니의 묵상이다. 마음에 새길 말씀이다.

성령께서 내리시기를 간청하며 장엄하게 이마에 방금 바른 성유를 휴지로 즉시 닦아 버리는 것은 또 어디서 나온 짓일까. 영세자가 많다고 일렬로 세워 놓고 무슨 싸구려 술집 스테인리스 주전자 같은 것으로 쫓기듯 이마에 세례수를 찍찍 붓고 지나가다니 …. 보는 이의 마음이 다 쓰려 온다. 혼배성사 때에 이왕 양형영성체를 할 경우라면, 우리나라 사람들의 미속(합환주)과 정서를 감안, 더욱이 대부분 신자가 아닌 하객들 앞에서 주례사제의 성작이 아닌 다른 작은 성작을 따로 쓰면 또 어떨까.

수십만 원 하는 제 양복은 늘 아끼고 정성으로 걸어 놓으면서, 전례를 마치고 제의방으로 돌아오기만 하면 주님의 잔치에 입고 갔던 예복인

제의는 마치 수세미처럼 벗어 팽개치는 실로 못된 버릇은 또 어디서 배운 것일까. (필자의 어조가 좀 격해졌다면, 행태가 하도 어처구니없어서 그러는 것이니 독자의 해량을 구한다.)

초의 상징에서 우리 모두 배우자. 조촐하고 곧게 위로 솟은 초, 그 초 위에서는 불꽃이 조용히 기도하듯 타오른다. 그 불꽃 안에서 초는 온몸이 따뜻하고 눈부신 빛으로 화하면서 자신을 사른다. 자신을 끝까지 빛과 열로 살라 없애면서 제자리에 서서 공손히 대령한다.

종교미술의 어제와 오늘

「종교미술의 어제와 오늘」, 『생활 속의 성미술』(제3회 한국 교회미술연구 세미나 자료집),
1996.2.18, 6~17쪽.

I

우리나라 시골길이나 시가를 처음 달려 보는 사람 누구에게나 경이감을 안겨 주는 것 중의 하나는 우후죽순처럼 아무렇게나 도처에 솟아 있는 무수한 뾰족당, 예배당들의 모습이다. 더구나 한국 고유의 정경을 찾던 외국인에게는 실로 의아한 일이 아닐 수 없다. 그 하고 많은 교회당이 하나같이 이렇다 할 뜻도, 무르익은 꼴도 좀처럼 나타나지 않으니 더욱 아연할 노릇이다. 일찍이 불교나 유교는 이처럼 생각 없이 지은 같잖은 건물로 우리 금수강산을 뒤덮어 놓은 적이 없었다. 아니, 바로 그 반대였다.

그렇다면 왜 이 지경에 이르렀을까. 게다가 이러한 현상 앞에 교인, 외인 할 것 없이 별 거북함마저도 느끼지 않게 된 것은 어찌 된 셈인가. 더 나아가서 이런 사정이 종교심의 함양과 사목司牧이라는 관점에서는 어떤 영향을 끼치는 것일까. 쉽지 않은 물음이다. 그러나 그렇다고 그냥 넘길 수도 없는 문제들이다.

이유야 얼마든지 있을 것이다. 서울 같은 경우, 1960년대 말경 50개가 미처 안 되던 본당이 오늘날엔 무려 180여 개에 달하고 있는 실정이고 보면, 그 어지러운 상황에서 대지 확보하랴 설계하랴 모금하랴 시공하랴, 산 넘어 또 산, 경황이 없었을 것은 짐작이 가고도 남는다. 그만큼 해낸 것만 해도 정말 대견한데, 감히 심미안審美眼이 어떻고 교회관敎會觀이 어떻고 하는 것은 다 배부른 소리 내지 아예 험담으로 들릴 수도 있을 것이다. 성당 하나만 지어도 주임사제를 비롯 여러 사람이 지쳐 병나는 마당에, 성당 여럿을 용케도 척척 지어내는 사제라면 누구나가 높이 평가해야 마땅하다 하겠다. 전 세계에서도 그 버금을 찾아보기 어려운 우리나라 교우들의 놀라운 헌신적 성의와 희생은 더 말할 나위도 없다.

그러나 돌이켜 말한다면, 바로 그렇기에 더 깊이 생각해야 할 일이고 달리도 해 보아야 할 일이 아니겠는가. 이왕에 우리 모두가 그처럼 귀한 힘을 다 쏟아 하는 일이니, 비록 난관이 허다하고 사정이 급하더라도, 좀 더 긴 안목으로 좀 더 깊이 생각해 가면서 했으면 얼마나 좋을까 하는 안타까움이 오히려 그만큼 큰 것이다.

II

우리 순교 선열들은 교리를 전달하고 기도문을 짓는 데 있어 실로 훌륭한 궤범軌範을 남기셨다. 그 내용이 밖으로부터 들어온, 전혀 새로운 것임에도 불구하고 조금도 이질감을 불러일으키지 않을 뿐더러 순전한 우리말로서도 매우 뛰어난 어휘를 가려 씀으로써 누구나 마음으로 공명할 수 있도록 하였던 것이다. 모여 기도할 때의 몸가짐이나 어조 역시 틀림없이 그랬으리라고 믿는다.

오늘날과는 비길 수도 없는 역경하에서도 이러한 사려 깊은 길을 내딛었던 우리나라 천주교가, 세월과 더불어 -초기의 그러한 전인적 안목眼目은 어느덧 저버렸는지- 점차 어려운 교리와 엄한 찰고, 그리고 무서운 규율로만 알려지는 듯하였다. 머리로 배우는 교리와 입으로 익히는 기도문 그 자체도 물론 중요하지만, 그보다도 더 직감적으로, 아니 어쩌면 더 깊이 사람 마음을 움직이는 것은 이해와 아울러 감관感官으로 와닿는 체험인지도 모른다. 다시 말해 고상 하나, 상본 한 장이, 교리책 못지않게 마음 안의 하느님 모습을, 그리고 그렇게 느껴지는 하느님과의 관계를 형성하고 좌우한다는 말이다. (그렇다면 무턱대고 인기 품목 성물만 보급하는 짓은 결국 무분별한 약장수식 강론이나 다름없다.)

교회공간의 모습과 느낌, 성가와 음송吟誦의 가락, 성상, 성화의 인상, 향촉香燭의 말없는 말, 전례의 몸짓과 흐름, 교우들 간의 교감 등 이 모든 것이 하나로 어울려 심신생활의 내용과 질과 정서를 어떻게 좌우하느냐에 따라 심신으로 종교를 감득感得하게 됨은 하나의 기본적인 사실이다. 그것은 또 한갓 주관적인 내심만의 측면에 불과한 것이 아니라, 신앙을 세상에 표출함과 아울러 그 표상이 다시 또 심신을 함양하게 되는 넓은 의미의 성사적聖事的인 삶인 것이다. 그런 만큼 –신학교에서도 일선 사목에서도 별로 중시되지 않고 있는 실정이지만– 신앙의 자체 이해와 그에 따른 영성 및 사목과도 직결되는 결코 소홀히 할 수 없는 중요한 영역인 것이다.

이 사실은 역사가 누누이 입증해 주는 바이다. 예컨대 초기 교회건축에서처럼 제대를 무엇보다도 밥상으로 보고 이를 중심으로 한가족인 교우들이 둘러서는 것 다르고, 중세의 하늘로 높이 솟은 고딕 성당처럼 천지를 축으로 세워 신비와 초월을 우선적으로 말하는 것 다르고, 바로크 시대의 화려한 성당처럼 종교개혁이 의문에 붙였던 교의를 현양하느라 제단을 하나의 장엄한 성극의 무대로 꾸며 관객이 된 교우들에게 보여주는 것이 그 뜻과 작용에 있어 매우 다른 것이다. 같은 성당이라지만 그것을 사람들이 사는 집 한가운데에 하느님이 이미 와 계시는 거처로도, 약속의 땅으로 세상 마칠 때까지 이끌려 가는 길손인 교회의 천막으로도, 이제는 개벽된 천상 영화의 반영인 값진 예표豫表로도, 속세와는 판이한 금기와 축별祝別의 성역으로도 표현할 수 있는 것이다. 건축마다 띠는 중심적 양상에 따라 각기 다른 신관神觀, 교회관, 사관史觀, 인간관 등을 드러내고 깨우쳐 주었음을 역사는 보여 준다. 이와 같은 현상과 작용은 비단 건축뿐 아니라 회화, 조각, 음악, 무용, 경문經文, 전례 전반에도 마찬가지로 해당한다.

III

그럼에도 불구하고 신학교 과정이나 교리교육이나 사목지침에서 이 중대한 영역에 별반 마음을 기울이는 것을 볼 수 없음은 무슨 까닭인가. 격변기를 맞아 수십 년 동안 우리나라가 전반적으로 빠져 있는 정신적 빈곤과 문화적 미혹迷惑에 수반되는 어떤 감각상실의 일면일까. 서울시의 뿌리 잃은 한심한 꼴처럼 이것은 분명 가난을 핑계로 변명할 수 없는 이야기다. 도리어 기를 쓰는 벼락부자의 몰취미에 가까운 사정이다. 일찍이 우리는 아무리 못 배우고 궁한 처지에서도, 하다못해 움집 한 채를 짓고 뚝배기 하나를 구워내어도 어울리지 않고 '제 꼴'이 아닌 추한 것은 만들지 않았었다. 그리스도의 '이방성異邦性'을 여지껏 소화해내지도 못하고, 그렇다고 우리 나름의 새 '언어'를 미처 낳지도 못한 채, 그 엉거주춤한 상태에 영영 길들어 버린 때문일까. 나아가서는, 종교 또한 삶의 한 국면으로 분화되는 갈수록 다원화되어 가는 오늘날의 세상에서, 특히 우리나라와 같이 타문화와의 충격적인 대결로 인해 전통의 단절과 혼미라는 위기에 처한 상황에서는 더욱 심각한 정신문화적 자아상실이 불가피한 것일까.

IV

본래 예술과 종교는 동서를 막론하고 그 발상에서부터 불가분의 관계에 있었다. 거기에는 여러 깊은 원인이 복합적으로 작용했겠으나, 그 중에서도 양자에 근원적으로 공통되는 바는 삶을 하나로 묶어 주고 세상을 하나로 보게 하는 달관達觀과, 자아초월을 통해 전체 의미를 찾는 귀일歸一의 부단한 구도라 하겠다. 그렇기에 과학문명 이전의 문화권, 곧 종교와 예술 둘이 다 우주와 인간의 통합적 의의를 제 나름대로 체득하고 표출하던 그러한 세계에서는 별도의 '종교'미술을 행하지도 않았거니와 그것을 하나의 문제로 의식하지도 않았던 게 오히려 당연하였다.

그러나 인간과 사물에 내재하는 자율만을 위주로 하는 인본주의, 계몽주의 및 과학주의가 초래한 소위 '세속화' 세대를 맞은 오늘날, 예술 또한 의미와 궁극의 추구를 스스로 버리고 종합 대신 분석과 실험의 길을 점차 택하고 있는 추세라고 할 수 있다.

이에 따라 종래는 오히려 예술 창작을 촉진하고 주도하던 종교가 이제는 시대정신과 동떨어져 당혹한 나머지, 흔히 갈피를 못 잡은 채 어설픈 시도에서 맴돌고 있거나 아니면 부질없는 답습으로 움츠러들고 있는 답답한 지경에 이른 것으로 보인다.

하필이면 전 세계적으로도 이처럼 상황이 어려운 오늘, 그리고 우리나라의 문화적 혼란 또한 매우 심각한 이때에 이 땅의 그리스도교는 놀라운 전파를 계속하면서, 여하튼 서둘러 성당도 짓고 성가도 부르고 성화도 그리고 전례도 행하여야 하는 실정인 것이다.

그렇다고 어설프게 처마에 단청이나 칠해서 될 일은 물론 아니고, 무턱대고 설익은 양풍 시늉이나 해서 될 일도 더욱 아님이 분명하다. 분명한 것이 하나 있다면, '자꾸 해 놓다 보면 무엇이 되든 되겠지' 하고 별 생각 없이 벌여만 놓아서는 결코 안 될, 서두에도 말했듯이 사람들 마음에 그 영향이 너무나도 결정적인, 절박한 숙제를 오늘날 우리가 안고 있다는 사실이다.

이것은 하나의 크나큰 위기를 뜻할 수도 있고 다시없는 절호의 계기가 될 수도 있다. 역사의 이처럼 어렵고도 중요한 때를 맞아 우리 모두에게 매우 고무적인 한 현상은, 신기하게도 일반보다 훨씬 더 높은 비례로 입교한 여러 예술인들이 자신의 내적인 신앙체험을 표출할 새로운 언어를 모색하는 데에 힘쓰고 있다는 반가운 사실이다. 게다가 우리 교우들의 헌신적 열의와 적극적 수용 태도가 있으니 이에 힘입어 사목자를 비롯한 모두가 좀 더 안목 있고 깊이 있게 꾸준한 노력을 기울일 수만 있다면 귀한 열매도 많이 기대할 수 있지 않을까 한다.

　이러한 마당에 앞날을 위한 방향 모색에 조금이나마 보탬이 될까 하여 기독교 예술 전통의 요람인 유럽에서 근래 소위 '종교'미술이 처하고 있는 상황의 몇몇 측면을 살펴보기로 한다. 유럽의 경우를 보자는 데에는 모방의 저의는 추호도 없고, 다른 객관적인 까닭이 있다. 우선, 동양에도 물론 종교미술의 탁월하고도 유구한 전통이 있으나, 그리스도 신앙의 특성에서 연유하는 미술과 종교와의 고유한 관계 구조는 아직 그 역사가 얕아 엿보기 어렵다. 그 밖에도 비록 그 양상은 다르나, 서구 문명이 동양보다 앞서 과학시대에 들어서 속화 및 다원화와 관련되는 문제점을 이 또한 먼저 드러냄으로써 우리에게 참고가 되어 준다. 끝으로 유럽에서는 이미 오늘날 종교미술이 처한 문제와 향방에 대한 신중한 근본 검토를 거쳐 그 인식의 윤곽이 많이 정리된바, 거기에는 어느 문화권에서도 참고할 만한 보편적인 요소가 다분히 함축되어 있다.

　현대에 접어들어 종래는 하나로 어울려 숨 쉬던 미술과 종교가 -적어도 서구에서는- 점차 따로 떨어져 나가게 되면서 양자 간의 관계 전반에 걸쳐 미묘한 어려움이 깊어 감을 의식하지 않을 수 없게 되었다.

　이러한 난국은 오늘날 가끔 열리는 성미술전 또는 종교미술전에서도 엿보인다. 전례적인 영역 안에 두어 신자들의 경건심을 북돋아 주려는, 말하자면 실용적 의도를 띤 작품만을 모아 놓았기에 대부분 '성뾀'이라는 관념과도 별 상관없고 '미술'이라는 범주에는 더구나 들지 못할 한심한 것들이 태반인가 하면, 반대로 예술가 자신의 인간성에 깊이 깔린 어떤 종교적 긴장의 힘을 드러내는 작품들을 주로 모아 놓아, 그렇다고 굳이 전례의 어떤 용도에 당장 적합한 것도 아닌 경우를 보게 된다. 문제작이라고들 평이 난 것은 어쩐지 별나고 거북스럽게 느껴지기도 하고, 요즘 성당이나 성물 가게에 흔히 널려 있는 것들도 차마 보아내기가 괴롭도록 저속하니 실로 큰일이 아닐 수 없다.

　또한 문제되는 것은 실용성이라는 미술 밖의 측면만도 아니다. '그것이 무슨 소리'인지 곧바로 알 수 있게 성모상이나 순교 사화를 마냥 그려 놓았다고 해서 '성화'가 되는 것도 아니요, '무슨 소리'인지 잘 모르게 추상적으로 해 놓았다고 해서 배척할 수 있는 것도 아니다. 그 내용이 얼마나 직설적이냐 또는 처리의 형식이 얼마나 통념적이냐를 가지고 이야기할 성질의 일은 결코 아니다.

그러면 근본적으로 어디에서 비롯되는 어려움인가. 요컨대 '미술'이라는 말을 두고 이렇게 저렇게 형용하고 분별하고 규정하려는 데에 문제의 핵심이 숨어 있다. 다시 말해 여기서 가장 큰 어려움은 무엇보다도 우선 그냥 '미술'이어야 하는 것을 가지고, 문화 자체의 다원성에 못 이겨, '성스러운' 또는 '종교적인' 것으로 규정하려는 데에서 비롯되는 것이다. 과거에 예컨대 지오토나 후라 안젤리코나 미켈란젤로의 작품 세계를 두고는 아무도 생각조차 않던 그런 제한 규정을, 지난 19세기부터는(더 소급해 말한다면 음악과 미술 양자에 관해서는 16세기 중엽의 트렌토공의회 이래로, 미술에 있어서는 특히 18세기 계몽주의 이래로 더 그랬지만) 적이 불안해진 교회 측이 변천하는 시대적 체험과 -'오염'도 가능한- 관련을 한편으로는 유지하면서도, 반면 종교생활의 규범과 관습을 지켜 줄 만한 문화전승을 보존하려는 의도에서 잠차 제한 규정을 적용하게 되었던 것이다.

이러한 타율적 규정에서 오는 난관을 피하기 위해 어떤 이들은 '성聖'이니 '종교'니 '전례'니 '신심'이니 하는 접두사로 '미술'의 성격이나 영역을 형용하는 대신 단순히 '기독교 미술'이라는 말로 바꾸어 쓰기도 하는데, 그랬다고 더 밝혀지거나 쉬워지는 것은 하나도 없다 하겠다.

그렇다면 미술과 종교 간에 무슨 불가피한 알력이라도 있단 말인가. 하기야 이미 1573년에 베로네세[1]가 최후만찬의 화면에 열두 사도뿐 아니라 온갖 사람을 다 그려 넣었다고 해서 종교재판까지 받은 일이 있었는데, 그 마당에서 그가 한 매우 흥미로운 자기변호도 새겨 들어 둘 만하다. "그리스도께서는 당신 제자들과 한자리에 모이셨던 것으로 저는 믿습

---

[1] 파올로 베로네세 (Paolo Veronese, 1528~1588)는 이탈리아의 화가이다. 르네상스 시대의 화가로서 티치아노에게 큰 영향을 받아, 빈틈없는 구도와 화려한 색채의 장식화를 주로 그렸다. 주요 작품으로 「성모의 대관」, 「레비 가의 향연」 등이 있다.

니다. 하지만 화폭에 자리가 남아 생각 나는 대로 거기다가 사람들을 그려 넣었습니다" 하고는, 이어서 "저희들 화가도 시인이나 미친 사람들처럼 파격적 허용을 누립니다"라고 자신의 입장을 정당화하였던 것이다. 결국 그려 놓은 그림에는 추호의 수정도 가하기를 거부한 채 그 제목만 "랍비 집에서의 잔치"로 바꿔 놓은 일화가 있다. 르네상스시대에는 화가들이 서로 앞다투어 (그 품행은 불문에 붙인) 미인을 찾아내어 모델로 세워 그린 것을 성모상으로 내놓는 일이 마치 하나의 유행같이 되어 있었다.

이런 경우를 보더라도 종교적 주제를 다루거나 내세운 어떤 한 작품이 또한 하나의 '성미술품'이 될 수 있음을 알 수 있다. 하지만 미술 자체에 부류가 따로 있는 것이 아니라, 작품의 질 자체에서 드러나는 진정성은 오직 한 가지뿐이니 그 질이 주제 선택에 따라 혹 종교적이라고 규정될 수는 있겠으나, 무엇보다도 그 자체로서 우선 예술적이어야 한다는 것이다.

아닌 게 아니라 역사를 보면 '성聖'을 소재로 하는 테두리 안에서 쓸모와 품격의 분립分立이 뚜렷해지면 해질수록 그 결과는 그만큼 더 의심스러워졌음이 거듭 드러난다. 이러한 퇴행은 미술을 굴절시켜 신앙적, 성적聖的, 실용적, 시의적時宜的 표현이 되도록 강제함으로써 종교심을 북돋아 주려는 -어느 모로는 열성적인- 동기에 기인한 것이기는 하나, 가까이 살펴보면 종당은 감상적인 차원에서밖에는 해결을 주지 못한 것으로 드러난다. 다시 말해 진정 위대한 명제나 초월한 관조와 대결할 만한 것은 못 되고, 오히려 인간 정신의 크고 깊은 뜻을 조각내어 한갓 감각적인 삽화로 만들어 버리게끔 하는 것이다.

그 정곡을 찔러 미켈란젤로Michelangelo도 말하기를, 그런 작품은 "그림 자체가 얼마나 좋고 힘 있느냐에 따라 판가름되는 것이 아니라, 신자가 얼마나 착하느냐에 따라 설 자리를 얻는 것"으로, "여자들, 그 중에서도 가장 나이 들었거나 가장 어린 여자들, 그리고 수녀 수사들, 또 참 조화에 대한 음악적 감각이 없는 어릿한 남자들 마음에나 들 그런 것"이라고 개탄한 바 있다.

그 후 수 세기가 지난 오늘날 문제는 더욱 본격화된 형편이다. 문화와 종교의 상호관계에 대해 남달리 폭넓고 깊은 사상을 펴 온 우르스 폰 발타자르[2]는 1982년에 하나의 심오한 물음을 던졌다. "기독교 미술이 실제로 표출해야만 할 그 대상에 대해, 즉 미美를 통한 성삼聖三 사랑의 영광에 대해, 정말로 투명해지는 것은 언제 어떻게 이루어지는 일인가. 그리고 그와는 반대로 너무나 현세적인 자체 영광을 더하기 위해 그 미美를 이를테면 자체 안으로 흡수해 버리는 것은 또 언제인가." 더 나아가서, "'기독교'를 칭하는 이 미술을 보는 사람을 위해서도 그렇고, 또 이 미술 자체를 살리기 위해서도 우선 요청되는 것은 객관적으로 미술작품 그 자체에 대한 식별력과 안목인 것이다." 여기서 폰 발타자르가 아무런 규정도 따로 없이 그냥 '미술작품 그 자체'에 대한 '안목'을 강조한 점은 의미심장한 일이다.

그렇다면 신적 영광과 인간적 창작의 미美, 따라서 신적인 미美와 인간적인 미美 사이의 관계가 위에서 말한 복합적 명제의 핵심에 놓이는바, 별도의 성미술 또는 그리스도교 미술의 실현에 있어서뿐 아니라, 근본적으로 모든 미술의 실현에 있어서 그 관계가 신과 인간, 이 두 세계를 서로 부르게 하는 저 긴장관계의 힘 안에, 또 종교체험과 여러 모로 매우 유사한 미술체험 자체 안에 이미 자리한다는 말이 된다.

그래서 소위 종교미술은 예술가 각자의 개성적이고 내면적인 실존조건과 이어지는 영신靈身 가치의 더욱 폭넓고 더욱 다원적이고 더욱 자유로운 공감대를 제공하는 표현으로 이해될 수 있다. 이런 개방적인 의미에서는 모든 시대의 예술 창작 대부분을 '종교적'이라고 여기거나, 적어도 인류 대부분에 공통되는 종교심의 발로라고 볼 수도 있을 것이다. ("종교적 정서를 표출하는 예술의 힘이 엿보이도록 오늘의 예술계를 개관하는 입장"을 바오로 6세의 의향에 따라 바티칸 현대종교미술관이 의도적으로 취하는 것도 그런 뜻에서이다.)

---

[2] 한스 우르스 폰 발타자르(Hans Urs von Balthasar, 1905~1988)는 스위스의 로마 가톨릭교회 사제이자 신학자로 추기경에 서임되었으나 서임식 전에 선종하였다.

위와 같은 고찰은 쓸모없이 추상적이고 난삽한 말로 들릴 수도 있겠으나, 종교미술의 어제와 오늘을 하나로 묶어 안으로부터 조명해 보는 하나의 기점이 될 수 있을 것이다.

과연, 우리에게 더 깊이 알려지고 더 높이 평가되는 과거(문명의 분화 이전)의 대가들의 경우, 작품활동의 본질이나 용도를 규정하는 정의를 그들 자신이 추구하거나 아니면 그런 정의가 -그것이 '성미술'이건 '종교미술'이건 '신심미술'이건 '전례미술'이건 간에- 그들에게 강요되는 일은 없었다.

실제에 있어서는 과거 모든 시대 사람들의 다양한 사상과 정신의 흐름이 어지럽게 합류하는 터전에서 미켈란젤로(1475~1564)는 허다한 난관과 막판 골목을, 라파엘로Raffaello는 종합적 기획의 어려움을, 카라바조Caravaggio는 파란 많은 대인관계를 각각 겪어 나가면서도 이들 중 아무도 '성미술'을 따로 하고 있다고 또는 해야 한다고 생각한 사람이 없었다. 그보다는 스스로 택했거나 남에게 부탁받은 명제에 어떤 의미를 어떻게 부여해야 작품이 참될까 하는 과제를 놓고 거기서 대두되는 주저, 의혹, 해답 모색 등의 처리 과정 안에서 기획도 하고 실험도 하면서 각자 자율적인 독창성을 실현해 나갔던 것이다.

그러던 것이 트렌토Trento공의회(1545~1553) 직후 한동안 전폭적인 정신 개혁을 관철하기 위해 교회 당국이 신중과 엄격을 매우 강조함에 따라 예술 분야에서는, 성음악에 관해서도 그랬듯이 '성미술'이라는 하나의 특수지대를 형성하게 되었다. 이리하여 많은 의무를 지고 제약을 받게 된 '성미술'은 대부분 주로 신자의 열심을 북돋우려는 작품에 종사하게 되었다. 그것은 분명 가장 즉각적으로 가장 자발적인 호응을 불러일으키기에는 족한 틀림없고 설득력 있는 하나의 길이었다.

그 결과 16세기 후반 회화의 큰 몫이 아예 환히 들여다보이는 '이야기'가 되어 버려, (고딕시대의 몽매한 계몽화처럼) 그림을 통한 선교 전달의 성격을 띠게 되었다. 이에 따라 초기 매너리즘 화가들의 고고하고 극적인 형식의 비상飛翔이라든가 그 뒤를 이은 후기 매너리즘 화가들의 귀족적 율동과는 거리가 멀어져, 이제는 작품이 도덕적 긴장을 감상적 충동으로 화하면서 렌초Renzo 또는 바로치[3]처럼 경탄 내지 열정적 감동을 유발하는 것이 되어 하나의 '신심미술'을 낳기에 이르렀던 것이다.

이런 추세에 비례하여 신자와 미술과의 만남은 그 깊이와 농도를 잃어 가는 반면, 어쩌면 모종의 신심 발로의 관습으로 다져진 일종의 친숙으로 화했다고 볼 수 있겠다. 이와 비슷하게, 일반 대중의 신심은 오늘에 있어서도 역시 여러 새 성당들의 장식이나 묘사, 곧 근래에 지어 겉보기에는 건축적으로 과감해 보이고 어줍잖은 현대성을 표방하고는 있으면서도 이를 뒷받침할 만한 진정성이 조금도 보이지 않는 그런 것들보다는 오히려 통속적으로 전해 오는 성상·성물 쪽으로 훨씬 더 기울고 있음을 본다.

진정성과 효용의 불행한 양립은 한편 과격하게 감상적인 표현과 이에 따른 '영성'을 도처에 조장했는가 하면, 반면 이를 탈피하여 자율을 되찾으려는 예술계의 움직임도 아울러 촉발하여 마침내 종교와 예술 간의 괴리까지 이끌었다고 볼 수 있다.

그 한 조짐으로 바로크의 태두 베르니니[4]를 들 수 있는데, 이미 그의 17세기 중엽 명작 「성녀 데레사의 황홀경」이나 「복녀 알베르토니의 죽음」 같은 경우 더없이 인간적이자 육신적으로 관능과 정감의 면모를 극도로 표현함으로써, 당초에는 감당키 어렵도록 엄격하기만 하다가 점차 더 현세적이고 감각적인 차원에서 신자를 유도하려던 교회 측의 '성미술' 범주를 한고비 넘어 벗어난 것으로 보인다.

여하간 이런 여러 작용의 귀결로 종전에는 '성미술'이 속화될까 봐 교회 측이 두려워하던 데 비해, 이제는 오히려 미술 측에서 종교적 내용에 의존하기를 꺼리게 된 나머지 1964년에 바오로 6세가 바티칸에 현대종교미술관을 신설하면서 발언한 대로, 교회와 예술과의 밀접한 사귐이라는 유구한 전통이 한때 끊긴 듯이 느껴지기까지 하였던 것이다.

---

3 페데리코 바로치(Federico Barocci, 1535~1612)는 이탈리아 르네상스 화가이자 판화 제작자. 그는 중부 이탈리아의 가장 위대한 작가로 루벤스의 바로크를 예고하였다.

4 조반니 로렌초 베르니니(Giovanni Lorenzo Bernini, 1598~1680)는 뛰어난 바로크 조각가이자 17세기 로마의 건축가이다.

그런데 이토록 심각하게 의식되는 '성미술' 내지 '종교미술'의 문제는 실제에 있어 -간헐적 예외를 제외한다면- 더 근본적으로 어느 시대 문화가 성속聖俗의 위기 또는 예술 자체의 위기를 겪을 때마다 예술가, 교역자, 전문가 모두에게 하나같이 관심과 우려의 대상이 되어 왔음을 알 수 있다. 이는 마치 이 두 위기 상황이 서로의 문제를 부르는 듯 접해 있으면서도 동시에 비연속적 관계로 유지되는 듯, 신앙과 미술이 제각기 불가사의한 길로 가야만 하는 듯한 인상을 준다.

결국 성미술을 택하는 길이란 하나의 가능성으로 머무는 것이지 필연적 당위일 수는 없고, 무엇보다도 하나의 모험인 것이다.

더욱이 오늘날처럼, 일반적으로 전례 용도라는 테두리 안에서 '성미술'을 따로 찾아야 옳으냐 아니면 '그냥 미술'로 보아야 하는 시비가 일고 있는 마당에서는, 인간 실존이 오늘 그 안에서 과연 의의와 호흡을 찾아 얻을 수 있는 호소의 영역을 마련하고 있는가를 먼저 묻지 않을 수 없다.

이렇게 생각해 볼 때, 오늘날 종교 건물을 위해 작품을 하려는 진지한 미술가라면 미리부터 알고 들어갈 것이 하나 있다. 즉, 우리 시대의 문화 및 예술에 도무지 익숙치 않은 사람들에게만 진정해 보이고, 오히려 그런 문화 및 예술의 흐름과 어울려 보이는 그런 형식 요소를 갖다 맞추어야 하는 처지에 자신이 놓여 있음을 아는 것이다. 그러면서도 동시에 신자들의 기대를 부분적으로 또는 부족하게밖에는 채워 주지 못하리라는 자각을 마음속으로 얼버무리지 못하고 있다.

왜냐하면 예술 표현이 말할 수도 있는 신앙의 회복이나 신앙으로의 유도란 지금 여기서 작가 자신의 복잡한 인간 조건까지 포괄하는 도구의 모든 차원을 하나로 담는 행위로써가 아니면 실현될 수 없음을 그 자신부터 알고 있었기 때문이다. 그렇기에 예술가는 한갓 과거의 모방에 의존할 수가 없는 것이고, 의존해야 할 바는 오로지 자아의 온전한 증언, 인간 모두의 실존 처지를 내 것으로 삼는 힘, 예술의 모험과 삶의 모험 그리고 어쩌면 믿음의 모험뿐일 것이다.

그런데 특히 날로 늘어 가는 교회 신축의 과제를 안은 오늘날, 종교미술 내지 성미술의 문화가 우리 문화의 중대한 숙제의 하나로 여겨지건만, 우리 시대의 미술계는 대체로 참여를 삼가고 있는 실정이다. 이것은 다분히 미술사가 제들마이어Sedlmayr가 옳게 보았듯이 계몽주의시대 이래 미술이 점차, 신성에 대한 감각을 여의어 온 이래 총체성과 정대성의 요청에 응하기를 포기하고, 분석이 종합을, 분화가 합일을 대치하게 된 까닭일 것이다.

이제는 과연 하이데거[5]가 말한 고뇌의 시대로, '신들이 가 버린 시대, 와야 할 신의 시대'로 접어들었다고 하겠다. 그리하여 과학주의, 기술주의, 비합리주의, 심미주의 등이 위태로운 우상들로 등장하여 미술의 방황을 막아 보려 하나, 이미 극단주의적 입장을 취할 수 있는 데까지 취한 미술로서는 이제 아예 사라지거나 아니면 일단 분해되었다가 (그리스도) 신앙 안에서 새 의미와 미증유의 돌파를 추구함으로써 다시 소생하거나 하는 수밖에 없다고 보는 이들도 있다.

이런 상황이 아니고도 미술 자체부터가 하나의 기적이고 희귀한 일이라는데, 하물며 종교와 미술이 다 세속화되어 가는 오늘, 성聖과 이어지는 미술은 더욱더 그렇다 하겠다. 과연, 지난 19세기 이후로 종교와 미술이 진정하게 상응한 경우가 매우 드물었던 것만은 누구나 시인하는 사실이다.

그렇다고 예컨대 마네Manet의 베니스풍 시위작 「천사들 가운데의 그리스도」라든가 타히티 여자들의 신으로 그린 고갱Gauguin의 「노란 그리스도상」 같은 것을 성미술 작품으로 간주할 수는 없는 일이다.

이와는 성격과 뜻이 또 다른 것으로 레제Leger, 류르싸Lurcat, 써덜란드Sutherland, 무어Moore 등의 다분히 실험적인 근래 작이 있고, 그 너머 참으로 통합적이고 투명한 우리 시대 작품을 하나 든다면, 방스Vence에 있는 도미니코회 수녀원을 위해 마티스Matisse가 만년에 구상하고 이루어낸 필생의 역작인 소성당을 말할 수 있겠다. 그러나 이 경우도 짚고 넘어

[5] 마르틴 하이데거(Martin Heidegger, 1889~1976) 20세기 실존주의의 대표자로 꼽히는 독창적인 사상가이며 기술사회 비판가이다. 당대의 대표적인 존재론자였으며 유럽 대륙 문화계의 신세대에게 커다란 영향을 끼쳤다.

가야 할 점은, 처음 한동안은 사람들이 방스 성당을 성미술 작품으로 간주하지 않거나 적어도 그런 관점에 국한해서만 보려고들 하지 않고, 오히려 한 고차적 미술 도정의 결정체로 보았다는 사실이다. 어디까지나 '세속적' 화가였던 마티스는 고백하기를 "방스 성당에서는 참다운 길에 들어섰다는 확신에도 불구하고 … 종전의 내 삶에서처럼 하나의 닫혀 있는 지평선 앞에 서 있지는 않으면서도, 이제는 뒷걸음을 칠 수 없다는 것을 깨닫고 나는 두려웠다"고 하였다.

기실 교회 당국은 회칙 『하느님의 중재자』(1942)가 요구하는 속성이 결여되었다는 이유로 마티스나 루오Rouault의 작품보다 써딜란드의 십자가상 등을 더 낫게 여기고 받아들였다고 지적하는 이들도 있지만, 그렇다고 사정이 달라지는 것은 아니다.

그로부터 한 세대가 지난 오늘, 우리 시대에 가장 깊은 자취를 남긴 일 중의 하나로 쟈크 마리탱Maritain의 교훈을 들지 않을 수가 없다. 그는 이 영역에 관한 자신의 사상이 옳음을 입증해 주는 몇몇 미술가를 하나로 모았었는데, 마리탱은 창작적 직관을 논하면서 그것이 단지 심층에서 우러나오는 의식 이전의 연상으로만 규정된다기보다는, 지적 행위와 창작적 행위로써 매개되는 하나의 인식적 작품 행위라고 주장하였다.

이러한 그의 확신은 세베리니Severini, 레제에서 샤갈Chagall에 이르기까지 수많은 현대 작가를 이해할 여지를 제공했을 뿐만 아니라, 특히 루오에게서 성聖스러우냐 아니면 심오하게 인간적이냐 주제의 테두리 안에서 작업하던 가장 진실한 미술가의 하나를 알아보았던 것이다. 이 점은 미제레레Miserere에 이르러서는 마침내 인간의 웃음보다는 울음을 함께 하는 그의 광대들, 또는 백성의 죄악을 괴로워하는 임금들에서도 입증되는 바이다.

종교미술의 미래 가능성에 관한 지평을 연 20세기 전반의 가장 중요한 선각자는 "그리스도교 예술을 살리려면 매 세대마다 살아 있는 예술의 거장들에게 호소해야 한다"며 실제로 레제, 바셍Bazaine, 브라크

Braque, 마티스, 샤갈, 립싯쓰Lipschitz, 제르맨 리시에Richier 등 당대 프랑스의 출중한 대가들을 결집하여 저 기념비적인 앗씨Assy 성당(1945)을 이루어내게 한 사상가 쿠튀리에Couturier 신부였다. 그에 질세라 또 다른 매우 중요한 장은, 당시 가장 무게 있는 논단이었던 『성미술聖美術(L'Art Sacre)』지誌에 자주 소견을 피력하던 레가미Regamy 신부가 마련하였다. 그는 현대미술의 문제성을 살피면서 특히 50년대에 들어 추상미술이 과연 종교건축과 화합할 수 있는가를 논한 바 있다. 여기서 바센과 마네시에Manessier 등, 성미술이 수긍할 만함을 확신함과 동시에 자신의 작품이 종교적 영감을 입었음을 확인하려는 젊은 미술가의 일파가 레가미가 뜻하던 바로 그런 대결을 가능케 하였던 것이다. 이와 관련하여 파고네Pagone 신부는 시각을 더욱 넓혀, "추상적이고 비구상적인 미술도 그것이 종교적인 정서를 직접 표출하는 한, (중략) 일정한 종교적 주제를 명시하지 않더라도 그리스도교 미술 전통의 테두리 안에 정당하게 자리할 수 있다"고 결론지었다.

그러나 최근 현대미술이 걷는 길을 본다면 위에 거론한 문제들은 이미 초극된 것으로 여겨진다. 하기야 갈마드는 매우 빨리 포기와 회복과 부흥의 흐름으로 인해 오늘 진부해진 듯한 주제들이 내일 다시 재론될지는 모를 일이나, 유럽에서는 대체로 일단 극복된 문제들이라 하겠다.

그런데도 추상미술이 야기한 문제가 생각케 하는 바는, 종교건물의 가장 바람직한 실현을 가로막는 모든 어려움이 이것저것 다 용납해야 하는지 알 수가 없어 머뭇머뭇하는 교회 당국의 조심성에서만 오는 것이 아니라는 점이다. 온갖 경향의 건축가들 자신의 탓도 있는 것이다. 융화의 근본 문제, 건축과 여러 미술 분야 간의 조화된 관계의 제반 문제와 대결해 볼 수 있는 어쩌면 유일한 영역이, 오히려 기능 위주의 실용 건물이 아닌 종교 건물, 나아가서는 종교 분야라는 것을 제때에 깨닫지 못한 탓도 없지 않을 것이다.

단, 그러한 종합의 과정이 정신문화적, 공동체적인 융합으로 한 걸음

더 나아가도록 자극해 줄 수 있으려면, 건축가는 당초 기획 단계에서부터 미술가들과 신앙공동체와 함께 연구하고 유기적으로 함께 기획해야 할 것이다.

그러한 융합을 위해서는 또한 시대성과의 관계가 하나의 요체일진대, 과거 역사를 통해 교회의 선택은 거의 언제나 이 방향으로 앞서 나갔음에도 불구하고, 오늘날만큼 그러한 선택이 어려워진 적도 없다 하겠다. 미술계 자체 또한 허다한 진통 끝에, 이제는 온갖 전위파들의 종식은 확인했으면서도 이렇다 할 방향은 못 찾고 있는 인상을 주기도 한다.

건축 분야로만 하더라도 근년에 교회 신축 요청은 허다하였으나 범속凡俗을 탈피한 사례는 애써 살펴보아도 별로 눈에 띄지 않는다. 마찬가지로, 회화와 조각에 있어서도 교회 건물 구성과는 무관할 뿐 아니라 우리 모두가 살고 있는 사회와도 생기 띤 관계를 제대로 맺지 못하고 있는 듯 하며, 신자들과의 관계로 말하더라도 대부분 그저 보기에 무난하거나 혹은 표면적인 무슨 이야기를 해 주려 할 뿐, 좀처럼 그 이상의 것이 못되고 있는 안타까운 형편이다.

세계 교회가 쓰는 기본 전례서인 『미사경본』에 보면 교회는 "각 시대의 특성에 부응하는 새로운 형식을 진작하고자 힘쓴다"(요강 254항)고 천명한바, 이런 말은 어찌 보면 놀라운 일이다. '새로운 형식을 진작'하는 일이 어찌해서 과연 교회가 맡은 임무일 수 있는지는 매우 알기 어려우니 말이다. 형식이란 어떤 독점적 상황의 결실이라기보다는 −정신적 내지 종교적인 것도 다 포함한 시대의 온갖 요망으로 가득 찬− 복합적 문화 상황의 집약적 결실이기 때문이다.

예술 그 자체로 말하면 밖으로부터의 간섭이나 조치를 본질적으로 거부한다. 이 점에서 소위 성미술은 더욱 민감하다. 그것은 더욱 예민하고 희귀하며, 그 성숙과 발로가 더욱 모험적이기 때문이다.

그러므로 일단은 '성미술'을 말하기보다는 더 넓은 안목으로 '종교미술'을 말하는 편이 더 여유가 있고 옳을 듯하다. 여기서 미술을 수식하는

'종교'라는 말은 인간이면 아무도 거기서 벗어날 수 없는 정신 가치의 광범위한 뜻을 지니는바, 그 안에서 성聖에 대한 서정抒情도 회복될 수 있기를 염원하는 것이 우리 모두의 마음인 것이다.

쿠튀리에의 명언대로 "예술이 전혀 없는 곳에는 종교예술도 드물다. 종교 가치가 예술 가치와 한 가지는 아니나 둘은 대체로 함께 부침한다."

2

장익 주교님을 기리며

공경하올 장익 십자가의 요한 주교님께 드리는 송사 | 임홍지

주교님을 만나서 함께한 시간 | 최종태

장익 주교님을 기리며 | 권영숙

장익 주교님 | 김 원

내 기억 속의 그분 | 조 광

가까이하기에 너무 어려웠던 그리운 사목자 | 김영섭

유소년기에 살았던 장면 가옥 | 김정신

공경하올
장익 십자가의 요한 주교님께 드리는 송사

임홍지 | 춘천교구 은퇴 신부

공경하올 장익 주교님, 아니 이제부터는 사랑하는 주교님이라고 부르겠습니다. 웃어른으로 대하기보다는 우리의 큰형님같이 생각되어 그렇게 불러 드려도 '닭살'이라고 하시진 않으시겠죠?

이제 무거운 짐을 내려놓으시게 되었으니 축하드린다고 말씀드려야 하는데, 총대리 신부님이 저보고 교구사제들을 대표해서 주교님께 송사를 하라고 해서, 송사라면 '안녕히 가십시오' 하는 인사가 되는데, 그런 인사를 하면서 축하드린다고 해도 되나, 실례가 안 될까? 망설여집니다.

어쨌든, 이제부터는 마음 놓고 '사랑하는 주교님!' 하고 부를 수 있게 되어 참 좋다는 생각이 듭니다. 교구장으로 계시는 동안에는 감히 그렇게 부르지 못하고 꼭 '공경하올 주교님'이라고 했는데, 이제는 맘 놓고 사랑하는 주교님이라고 부르겠습니다.

주교님, 그동안 저희 사제들과 교구민들을 위해서 착한 목자로서 참 애 많이 쓰셨습니다. 이제 그 짐을 내려놓게 되어 홀가분하면서도 한편으론 마음 한구석에 아쉬움도 남아 있으시겠지만, 저희는 이제부터 주교님을 저희의 큰형님같이 모실 수 있게 되어 오히려 기쁘기만 합니다.

사랑하는 주교님, 벌써 16년이 흘렀단 말입니까. 이 성당 이 자리에서 주교품을 받으시고 교구장으로 착좌하시던 때가 엊그제 같은데 그리고 그때의 주교님 모습이 아직 그대로이신데 벌써 16년이 흘렀단 말입니까. 참으로 빠른 세월입니다.

주교님과 친분이 두터우셨고 주교님의 당호인 하미헌何味軒을 친히 써 주셨던, 그리고 2010년 3월 11일 입적하신 법정 스님의 「세월과 인생」이란 글에서 이런 글을 보았습니다.

> 세월은 가는 것도 오는 것도 아니며,
> 시간 속에 사는 우리가 가고 오고 변하는 것일 뿐이다.
> 세월이 덧없는 것이 아니고,
> 우리가 예측할 수 없는 삶을 살기 때문에 덧없는 것이다.
> 해가 바뀌면 어린 사람은 한 살 더해지지만
> 나이든 사람은 한 살 줄어든다.
> 되찾을 수 없는 게 세월이니 시시한 일에 시간을 낭비하지 말고
> 순간순간을 후회 없이 잘 살아야 한다.

그러고 보니 법정 스님과 주교님은 서로 통하는 점이 많은 것 같습니다. 평소에 주교님은 언제나, '찬찬히, 찬찬히 해!' 하셨죠. 그 말씀은 쉬엄쉬엄 놀면서 하라는 말씀이 아니었습니다. 주교님께서는 16년이란 세월을 말씀처럼 찬찬히 그러나 순간순간을 후회 없이 사셨기에 이렇게 변함없이 16년 전의 그 모습 그대로를 지니고 계시나 봅니다. 주교님은 언제나 찬찬히 생각하시고 차근차근히 준비하시고 한결같은 마음으로 일을 추진하시어 우리 교구는 많은 변화와 결실을 맺어 왔습니다. 이 모두가 주교님의 '찬찬히' 때문이라고 생각합니다.

주교님께서 재임하시는 동안 교구 내 본당이 39개에서 58개로 늘어

났고, 신자 수는 52,000여 명에서 78,000여 명으로 늘어나 복음화율이 4.78%에서 7.21%로 크게 상승했습니다. 그리고 교구사제 수는 58명에서 97명이 되었는데, 97명 중에 반이 되는 47명의 사제들이 주교님의 안수로 사제품에 올랐습니다. 주교님은 말씀으로는 '찬찬히, 찬찬히!' 하시면서 실제로는 쉼 없는 기도와 희생으로, 온유와 겸손과 사랑으로 하느님의 크신 은총을 저희 양들에게 나누어 주시고도 이렇게 많은 열매를 맺으신 것입니다.

주교님의 착한 목자로서의 온유하신 인품에 이끌려, 우리 교구에 들어와 자리 잡고 하느님 백성에게 봉사하며 수도생활을 하는 남자 수도원만도 2개에서 9개로 늘어나 현재 41분의 수사신부님들이 활동하고 계십니다. 수녀님들은 12개 수녀회에 103분의 수녀님이 계셨는데, 지금은 26개 수녀회에 242분이라는 처음보다 두 배가 훨씬 넘는 수녀님들이 우리 교구에서 수도생활과 선교봉사를 하고 계십니다.

이게 모두 하느님께서 주교님을 통해서 우리 교구에 베풀어 주신 풍성한 은혜가 아니겠습니까. 어찌 감사하지 않을 수 있겠습니까. 그래서 제 말씀은 송사나 축사가 아니고 감사송이라고 해야겠습니다.

어디 그뿐입니까. 주교님은 교구장으로 착좌하시면서 당신에게 맡겨진 양들을 위하여 예수님을 따라 이렇게 기도하셨습니다.

"이 사람들을 지켜 주십시오. 그리고 아버지와 내가 하나인 것처럼 이 사람들도 하나 되게 하여 주십시오"(요한 17,11) 하시면서 주교님 문장의 표어를 "하나 되게 하소서"라고 하셨습니다.

그런데 주교님의 이 기도와 표어는 우리만을 위한 것이 아니었습니다. 주교님께서는 춘천교구를 맡으시면서부터 이 교구가 남북으로 반이 나누어져 있다는 현실에 늘 마음 아파하셨습니다. 그래서 북녘 땅의 강원도 산골에서 숨도 제대로 못 쉬고 영적으로뿐만 아니라 물질적으로도 굶주림과 추위에 허덕이고 있는 익명의 하느님 자녀들에 대한 착한 목자로서의 안타까운 심정을 "하나 되게 하소서"라는 표어 안에 담으신 것입니다.

교구장으로 착좌하신 지 2년 후인 1996년 대림절에 발표하신 사목교서에서 이렇게 언급하셨습니다.

우리 교구는 반세기에 이르는 민족 분단의 아픔을 직접 몸에 안고 있습니다. 춘천교구의 절반이 휴전선 너머에 놓여 있고 그쪽 인구도 이쪽에 못지않은 실정임에도, 우리는 그 반쪽은 막연히 언짢게, 멀리만 느끼며 매일의 관심사에서는 내어놓다시피 하고 살아가고 있습니다. 더욱이 그쪽 교우들의 소식마저 모르는 형편에, 통일에 어떻게 대비하고 겨레의 화해와 일치에 어떻게 기여해야 할지 막막해하고 있는 실정입니다. 그러나 한 가지는 분명합니다. 이 일은 단지 정치·군사·경제·제도의 차원에서만 이루어낼 수 있는 일이 결코 아닙니다. 여기야말로 하느님 사랑의 실천이 교회인 우리에게 절실히 요구됩니다.

주교님께서는 기회 있을 때마다 저희에게 '우리 교구는 반쪽 교구이다. 그러므로 다른 반쪽을 결코 잊어서는 안 된다'고 하셨습니다. 그래서 한솥밥 한식구 운동을 벌여 모든 교구민에게 매월 25일에는 북녘 동포들을 위해 희생예물을 바치게 하셨고, 그뿐만 아니라 일 년 중 가장 기쁘고 은혜로운 성탄절에 아기 예수께 바치는 구유 헌금과 자정미사 헌금까지도 모두 북녘 동포를 위해 봉헌하게 하셨습니다. 그리고 음식을 앞에 놓고 기도할 때마다 북녘의 굶주리는 형제들을 잊지 말라는 뜻에서 식사 전후 기도문을 따로 만들어 주기까지 하셨습니다.

철없이 우리끼리만 하나가 되면 다 되는 줄 알고 있던 저희에게 「빵도 하나, 우리도 한 몸」이란 호소문을 통해,

우리 교구는 휴전선 철조망으로 둘로 나뉘어 민족 분단의 아픔을 그대로 몸에 안고 있는 교구입니다. 우리 생명의 양식으로 당신 한 몸을 다 내어주신 예수님 따라 '한마음 한뜻이 되어 가진 것을 나눈'(사행 4,32) 초기 교회 신자들처럼 오늘의 우리 또한 힘을 합쳐 "하나 되게 하소서"(요한 17,11) 하신 주님의 염원이 이 땅에서 이루어지도록 합시다.

하시며 한삶위원회를 발족시켜 10년이 넘게 북녘 동포들, 그중에서도 가장 힘겹게 살아가는 북강원 주민들에게 착한 목자로서 하느님의 사랑을 전해 주시는 데 심혈을 기울이셨습니다.

또한 주교님은 아주 검소한 삶으로 저희에게 청빈의 모범을 보여 주셨고, 그러면서도 뛰어난 예술적 감각으로 우리의 메마른 영성을 살찌게 해 주시고, 궁핍해 보이기까지 한 저희의 투박한 정서를 성미술을 통하여 신선한 감동으로 다듬어 주시어 저희 마음을 자연스럽게 하느님을 찬미하는 신심으로 이끌어 주셨습니다. 다재다능하시고 다방면에 전문적 지식을 갖고 계시면서도 검소하고 소박함을 사랑하신 겸손하신 주교님, 이제 주교님은 교구장의 짐은 벗으셨지만 한국천주교주교회의에서 주교님을 그냥 가만히 쉬게 하지는 않을 것입니다. 그러나 저희를 떠나지는 마십시오. 늘 곁에 모시고 주교님께 많은 것을 배우며 본받으려고 힘쓰며 살고 싶습니다.

"단 하루를 살더라도 뼈를 묻겠다는 초심으로 퇴임 후 춘천 언저리에서 거주하겠다"고 어느 언론지 기자에게 말씀하신 주교님, "일흔일곱 번이라도 용서하여라" 하신 예수님의 말씀을 그대로 실천하시면서 일흔일곱 해를 살아오신 주교님, 그중에서도 춘천교구장으로 지내신 마지막 16년이라는 시간은, 가장 많은 사랑과 정성을 쏟으시고 가장 많은 주님의 은혜를 체험하신, 주교님의 생애에서 가장 기억에 남고 영원한 하느님의 나라로 이어질 시간들이며, "하늘나라에서 큰 사람이라고 불릴 것"(마태 5:19)이라 하신 주님의 말씀이 그대로 들어맞는 날들이 되셨으리라 믿고 주교님을 위하여 하느님께 감사드립니다.

"하나 되게 하소서" 하고 기도하시며 우리를 찾아오신 주교님께서는 이제 교구 설립 70주년을 맞이한 저희에게 "참되자, 나누자, 감사하며 살자"라는 표어를 남겨 주셨습니다. 이제 저희는 주교님 말씀대로 우리가 먼저 하나가 되고, 이웃과 하나가 되고, 나누어져 있는 교구가 하나가 되어 하느님 안에서 모두 한 생명이 되는 날까지 참되고 나눔을 실천하며, 감사하며 살겠습니다.

새로 부임하시는 김운회 주교님의 문장 표어도 "사랑으로 하나 되어"라고 하셨으니 아마도 하느님께서는 장 주교님께서 시작하신 하나에 대한 열망을 꼭 이루어 주시려고 같은 의미의 표어를 가지신 김운회 주교님을 후임으로 보내주신 것이 아닌가 생각됩니다. 그래서 우리는 대를 이어 하나가 되려고 힘쓸 것입니다.

사랑하는 주교님, 정말 감사합니다. 저희의 이 마음을 「교구 누리집」에 올린 어떤 형제님과 자매님의 주교님께 대한 감사의 글로 대신하겠습니다.

1. 오늘의 춘천교구가 있기까지 자상함과 따듯하고 온화하신 모습으로 어린양들을 잘 살펴 주신 주교님께 주님 은총 가득하시길 기도합니다. 짧지 않은 시간 저희 춘천교구를 사랑해 주시고, 교구의 발전을 위해 애써 주신 주교님. 사랑합니다.
2. 주교님께서 사목하시는 동안 저희 춘천교구에 많은 변화가 있었고, 평신도로서 살아가는 저희로서는 주교님의 온화한 그 모습에서 예수님을 만날 수 있었고 신앙생활의 모범이 되는 삶을 이끌어 나갈 수 있는 힘이 되었습니다.

사랑합니다. 주교님!

2010년 3월 20일

주교님의 첫 번째 총대리 신부 임홍지 드림

주교님을 만나서
함께한 시간

최종태 | 조각가·대한민국예술원회원

장익 주교님은 한국 교회미술이 예술로 이 땅에 뿌리내리고 열매 맺기까지 결정적인 역할을 한 그 주인공이셨다. 1940년대 프랑스에서 쿠튀리에Couturier라는 한 신부가 앗씨 성당을 만들면서 당대의 예술가들의 작품으로 교회미술을 혁신하였는데, 그와 맥을 같이하여 우리나라에서는 장익 신부라는 한 사제가 있어 한국 교회미술 토착화가 빠르게 정착되었다. 100년 걸릴 일을 20년에 완성한 것이다. 이런 일은 제3세계권에서 오직 우리나라에서만 발현된 특별난 일이다. 김수환 추기경님의 후원과 믿음이 각별하기도 했지만, 장 주교님의 예술을 꿰뚫는 혜안이 없었더라면 불가능한 일이었다.

내가 장익 신부님을 만나 함께한 시간이 그럭저럭 54년이 되었다. 젊어서 만나 한 생을 함께 했다고도 볼 수 있다. 1967년 2월 어느 날 서울 대방동성당 오기선 신부님 방에서 처음 만났다. 유럽에서 살다가 서울 온 지 20일이 됐다면서 며칠 전에 창떡하는 것을 봤다 하시는데, 그 말을 일생 동안 잊지 못하겠다. 신부님에게 한국 문화에 대한 향수가 짙게 배어 있었기 때문이다. 외국생활을 그렇게 오래하셨어도 서양 단어가 입에 오르는 걸 여태껏 단 한 번도 본 일이 없다.

신부님은 한국의 음악·미술·문학에 대해서 전문가 수준으로 잘 알고 계셨다. 어떻게 그럴 수가 있느냐 내가 물은 적이 있었다. 나가서 오래 살다 보니 저절로 그렇게 되더라 그러셨다. 은퇴하시고 김유정역 앞에 사실 때, 한번은 그 김유정 생가 쪽으로 산책을 간 일이 있었다. 그의 소설과 그의 생애에 대해서 나보다 더 소상하게 알고 계셨다.

독일의 현대소설가 베케트의 『성城』이란 소설이 있다. 어떤 한 시골 사람이 억울한 일이 있어서 면사무소에 가서 물으니 군청 가서 물어보라 하고, 군청에서는 도청에 가서 물어보라 하고 그리하여 왕성王城 문 앞에까지 갔으나 끝내는 그 누구도 만날 수 없었다는 답답하고 지루한 이야기였다. 그때 우리 사회에 그런 답답한 일이 있었던지 장 주교님과 대화하다 소설 『성』 이야기를 나누게 되었다. 그랬더니 자기는 유럽에 있을 때 원어(독일어)로 읽었다 하셨다. 나는 또 한 번 놀랐다. 미술사 얘기를 할라치면 동서 간에 환하였다. 음악 얘기를 하면 모르는 게 없다 할 만치 통달해 있었다. 모르는 게 없는 분 같았다.

1981년 나는 로마에 갔었다. 어느 기숙사에 나의 숙소를 마련해 주셨는데, 하루는 장 신부님이 묵는 수도원에서 저녁을 먹었다. 마당에서 잠시 쉬고 있을 때 서강대 서인석 신부와 동석했다. 두 분의 얘기를 옆에서 들으니 종교 간의 대화 같은데, 불교와 가톨릭 종교와의 세미나가 있었던 것 같았다. 당시 장익 신부가 주관하였는지 보고서 만든다는 얘기도 있었다. 그래서 내가 불쑥 끼어들며 "그래, 양쪽이 어떻든가요?" 그랬더니 장 신부님 말씀이 "양쪽이 다 같던데요" 해서 더 물을 수가 없었다.

인도에서 학승과 도승 두 분이 왔다 그러시길래 "학승의 얼굴이 좋던가요, 도승의 얼굴이 좋던가요?" 물었다. 그랬더니 도승의 얼굴이 좋더라 해서 서로 웃었다. 매사에 간단명료하였다. 수식도 없고 매사 속전속결이었다. 나도 성질이 좀 급한 사람인데 주교님은 더 빨랐다. 내가 따라잡

기가 쉽지 않은 상대였다. 나는 주교님께 나보다 반 템포 빠른 분이라고 했다.

1994년 우리가 교회미술 연구 세미나를 할 때의 일이다. 우리들 몇 사람이 모여서 준비를 하던 중에 가톨릭미술상을 만들어 수여하면 어떨까 하는 얘기가 나왔다. 듣고 보니 좋은 일이 될 것 같았다. 뜸 들일 것 없이 앉은 자리에서 장 신부님께 전화를 하였다. 즉각 좋다 하시면서 서울교구에서 하는 것보다 주교회의CCK에서 하는 게 더 좋겠다 하셨다. 다음 날 전화로 주교회의 문화위원회 위원장이 제주교구 주교님이신데 그렇게 하기로 결정이 되었다고 하셨다. 매사에 그렇게 빨랐다. 나보다 반 템포가 빠르다 한 말이 그런 일을 두고 한 말이다.

신부님이 명동 비서실에 계실 때 내가 가끔 그 사무실로 놀러 갔었다. 더러는 신부님이 우리 집에 오실 때도 있었는데, 하루는 마음먹고 이런 말을 하였다. "교회미술은 그래도 구상성이 있는 그림이 좋지 않겠습니까?"라고 물으니 단호하게 그렇지 않다고 하셨다. 구상, 추상 가릴 일이 아니라는 뜻이었다. 그때만 해도 내가 교회미술에 대해서 마음뿐이지 아는 게 없을 때였다. 한마디 한 것이 낭패를 당한 것이다. 프랑스에서 마네씨에가 추상 그림으로 유리화를 만들어 유명해진 것을 내가 알 턱이 없었던 것이다. 장 신부님은 유럽에 살면서 다 보고 환히 알고 계셨던 터였다. 50, 60년대 유럽의 교회미술을 샅샅이 뒤지고 들어온 장 신부님의 눈을 내가 어찌 따라잡을 수 있겠는가. 그때 이미 장익 신부님은 우리나라 교회의 미술이 어떻게 변해야 될 것이라는 확실한 비전을 갖고 있었을 것이다. 1980년 서울가톨릭미술가회 지도신부가 되고 나서 강남 성모병원을 지을 때, 방이 천 개인데 방마다 걸 십자고상을 나보고 만들라고 하셨다. 교회 공공건물에 미술가회 이름으로 천 개의 십자고상을 걸게 된 것이다. 우리나라 교회 역사에서 처음 있는 일이 장익 신부님에 의해 이루어졌다. 그 후로 순풍에 돛 단 듯이 한국 교회미술 토착화사업이 자연스레 진행되었다. 1984년 한국 천주교 200주년을 기해서 현대미술관에서 열린 '현대종교미술국제전'은 정말 대단한 사업이었다. 장익 신부님의 실력을 십분 발휘할 수 있는 계기가 된 것인데 바티칸 박물관, 프랑스 문화성 쾰른 대교구의 협조로 어마어마하다 할 명품(현대 종교미술 작품)이 서울에 온 것이다. 시기적으로 너무 빨랐다 하는 아쉬움이 있다. 만약 지금 그 전시회가 서울에서 열렸다면 그야말로 인산인해의 일이 벌어졌을 것이다.

1979년 말경, 나는 신촌역 근처에 살다가 연남동으로 이사했다. 당시 연희동성당이 막 지어지고 나서 새 주임신부가 부임했는데 최광연 신부였다. 어찌 된 일인지 서강대 교수 신부님들이 주일마다 도와주러 오시는데 장익 신부, 박홍 신부, 서인석 신부가 그분들이었다. 장익 신부님과 최광연 신부님을 주일마다 만나면, 이사했다면서 한턱 없냐고 반 농담으로 얘기가 오가곤 해서 작업실을 만든 후 집으로 초대하겠다고 약속했다. 그렇게 해서 잡은 날이 저 유명한 5·18 무렵이었다. 저녁 6시로 시간을 정했는데, 30분이 지나고 한 시간이 지나도 무소식이라 참다 참다 성당으로 전화해서 최 신부님께 왜 안 오시냐고 하였다. 그랬더니 "장 신부님은 이런 일이 없는 분이신데…" 그러시길래 "장 신부님은 우리 집 아시니까 혼자 먼저 오십시오" 그랬다. 최 신부님은 필시 무슨 큰일이 있는 것 같으니 기다리자고 하셨다. 두 시간 후에야 두 분이 술 한 병 들고 심각한 표정을 하며 들이닥쳤는데, 광주에서 난리가 났다고 하셨다. 장익 신부님이 동아일보사에 갔는데 광주에서 올라온 미공개 기사 원고가 산같이 쌓여 있어서 그것을 읽다가 중단하고 나올 수가 없었다는 말씀이셨다. 술을 마시며 내내 광주사태 미공개 원고 내용에 관한 얘기를 나눴는데, 계엄군이 데모하는 시민을 향해 총을 쏘아 사상자가 부지기수이고, 피가 모자라 병원 앞에 헌혈자들이 줄을 섰으나 턱없이 모자란다고 했다. 그 얘기를 듣다가 그만 내가 흥분해서 적십자사는 무얼하고 있냐고 소리를 냅다 질렀다. 나도 모르게 그리 된 것인데, 두 분이 놀라 벌떡 일어나서 분위기가 황당하게 된 일이 있었다. 집들이한다는 게 그만 광주사태로 해서 별난 날이 되고 말았다.

다음 해 로마에 갔을 때 내가 별 볼 일 없이 방에만 있으니까 장 신부님이 책을 한 권 가져다주셨는데 일본 천주교회에서 발간한 광주사태 탄원서, 일지 등 중요한 자료들이 수록된 책자였다. 하루는 광주사태에 관한 필름을 얻었다면서 보러 가자 해서 갔는데, 바오로 학교 비슷한 건물이 있었고 각종 영사기가 가득 있는 방에 가서 갖고 온 필름을 끼워 봤지만 모두 맞지 않아 토키만 듣다 말았다. 독일 쪽에서 나온 특수한 필름이었다던데 끝내 화면은 볼 수 없었다.

주교님은 책을 좋아해서 보시다가 미술가들한테 이로울 듯싶으면 여기저기 보내주셨다. 내게 보내준 특별한 책이 세 권 있었는데 『양귀비전』, 『소치실록小癡實錄』, 제백석의 자서전이었다. 지금도 궁금한 것은 '신부가 어찌해서 나도 모르는 미술가 얘기를 읽었는가' 하는 것이다. 이런 책이 있는데 아느냐고 하셔서 모른다 했더니 신부님이 직접 구해 보내주셨다. 소치는 추사 선생의 애제자이고, 제주도에 계신 추사 선생께 바다를 건너다니면서 심부름을 한 분이다. 『소치실록』은 노년에 고향 운림산방에서 쓴 아름다운 자서전이다. 헌정 임금 수라상 앞에서 그림도 그리고 팔자에 없는 과거(그것도 무과였다)에도 합격하고 시서화詩書畵 삼절로 백성들의 칭송을 받은 이야기, 그런데도 어찌하여 가진 재산이 없고 벼슬이 없었는가 하는 대목에서 "자고로 이름난 사람들을 보아라. 죽을 때까지 불우하여 곤궁하게 지냈도다. 내 어찌 이 위에 부귀를 구했겠는가. 그것은 하늘이 싫어하고 귀신이 반드시 막을 것이니 감히 바랄 수가 없는 일이었다." 마지막 이 대목에서 그만 숙연해지고 말았다. 하루는 춘천에서 전화하셔서 제백석의 자서전이 학고재에서 나왔는데 보았냐고 물으셨다. 말도 못 들었다 했더니 바로 그 책을 한 권 보내왔다. 며칠 후에 또 전화를 하셨길래 글자 한 자도 건너뛰지 않고 완독했다고 했다.

『양귀비전』은 이런 사정이 있다. 한중 국교가 트고 얼마 있다가 김상진 신부, 정양모 신부, 장익 신부 등 신부 수녀 미술가들이 한 팀을 이루어 중국을 여행한 일이 있었다. 양귀비 목욕탕 자리를 보고 난리 때 저 담 너머로 피신했다 하는 그런 설명을 듣는데, 장익 신부님이 내게 『양귀비전』이 있다고 하셨다. 나는 서울에 돌아와 바로 빌려다 보았다. 일본의 현역 유명한 아오모리라는 소설가의 작품이었다. 단숨에 제1장을 읽었다. "모년 모월 모시에 당 현종이 신하를 시켜서 양옥환을 불러오라 명하였다." 이것이 첫 줄이고 제1장 끝줄은 이러했다. "그날 이후로 현종은 아침 정사에 나오는 일이 한 번도 없었다." 얼마나 재미있게 잘 썼는지 천년 전 일을 바로 한 달 전에 있었던 일처럼, 자기가 직접 본 것처럼 기가 막히게 잘도 쓴 책이었다. 나는 격정적 감흥에 젖어 제1장 30페이지만 읽고 딱 접었다. 두 달가량 갖고 있다가 도로 신부님께 돌려드렸다. 내가 이 이야기를 하는 것은 주교님의 독서량과 그 범위가 어디에서 어디까지인지 가늠할 수 없었다는 이야기를 하려 함이다. 주교님은 누구하고도 전문적인 얘기가 통할 수 있는 특별난 머리를 소유한 수재였다. 한국 천주교회에 지성적인 지도자가 필요했던 시기에 혜성처럼 나타나 많은 사람들을 기쁘게 하셨다.

2020년 8월 초 어느 날, 김상진 신부님이 춘천 주교님을 뵈러 가자 하셨다. 안경렬 신부님과 함께 셋이서 주교님 댁 벨을 눌렀다. 아무 소식이 없어서 알아보니 어제 병원으로 가셨다는 것이다. 병원으로 찾아갔다. "저 최종태 왔어요. 김상진 신부하고 안경렬 신부하고 왔어요" 하지만 아무 반응도 없으셨다. 한동안 머무르다 인사를 드리며 일어났다. "저 이제 갈랍니다" 하였더니 주교님이 알아들으시는 것 같았다. 병원 문을 나서는데 54년의 진한 세월이 번개같이 흘러갔다.

우리는 격동하는 시대, 그 맨 앞자락 촌치도 물러설 수 없는 위기의 상황 속을 살아왔다. 하루도 편할 날이 없었다. 그런 우리들의 시대 그 광장에서 장익이라는 한 사제를 보았다. 총명하기 이를 데 없는 우리 시대 최고의 지성을 만나 나는 행복했다. 이 답답한 세상에서 한 뼘쯤의 넉넉한 공간을 공유할 수 있어서 좋았다. 그는 운명적으로 한 나라에서 사제로 살았지만, 예술가처럼 끝날 수 없는 꿈을 지니고 있었다. 몇 시간을 함께 있다가 뒤돌아서면 아직 할 말을 시작도 하지 못한 것 같은 아쉬움이 남는 이였다. 한 사람이 새로운 시대를 만들 수 있다는 것을, 역사를 만들 수 있다는 것을 나는 그를 통해서 분명하게 보았다. 누가 말했던가. "신앙이 성한 시대에 종교미술도 성했고, 신앙이 쇠한 시대에는 종교미술도 쇠했다." 하느님 예술로써 찬미받으소서.

아멘.

장익 주교님을
기리며

권영숙 리디아 | 화가, 가톨릭미술가 회원

장익 주교님은 내 일생에서 만난 분 중 가장 잊지 못할 한 분이다. 옛일을 다시 떠올리니 그때가 어제같이 생생한데, 벌써 50년 전의 일이라니 세월이 무상하다.

장 주교님을 처음 뵌 때가 1967년, 파리 한국학생가톨릭센터 주임신부님 사무실이었는데, 김수환 주교님 비서로 함께 오셨다. 자상하시지만 쉽게 다가갈 수 없는 인상을 받았다. 주교님을 얼마나 완벽하게 보필하시는지, 주교님께서 당신의 시어머니라고 농담을 하셨던 기억이 난다.

나는 유럽에서 13년 체류하면서 많은 미술품과 아름다운 성당 등 다양한 종교예술작품을 가까이서 경험하였고, 나름대로 공부도 했던 터라 귀국 후 곧바로 가톨릭미술가회에 입회하였다. 1983년 순교 103위 시성식 기념 전시 "영원의 모습"전은 세기에 흔하지 않은 전시회였다. 왜냐하면 독일, 바티칸, 불란서에서 온 유명 예술가 작품과 교회 귀중품이 덕수궁에 전시되었기 때문이다. 나는 준비위원으로 또 각 미술관 관계자들을 영접하는 일에 종사하는 영광을 얻었다.

주교님은 도록에서부터 모든 것을 관할하는 동시에 전시에도 총 책임을 지셨다. 마티스의 제의 작품을 전시장에 진열하는데 인력이 부족하고 귀중한 작품을 아무에게나 맡길 수 없다 해서 나는 영광스럽게도 작품 운반·진열까지 맡았다.

세종로성당에 부임하신 후부터 주교님께서는 본격적으로 우리 회원들에게 '교회예술이 왜 필요한가'를 주일마다 성당에서 강의하셨다. 교회 미술은 손으로 머리로 행하는 것이 아니라, 믿음으로 또 신자와 교회의 연결 고리 역할이 되어야 함을 깨우쳐 주셨다.

지금도 춘천에 가면 뵐 수 있다는 착각을 한다. 얼마 전 춘천 죽림동 성당 주교님 묘 앞에서, 영원으로 가신 주교님게 인사를 드렸다.

장익 주교님

김원 | 건축가, 광장 대표

장익(요한) 신부님이 세종로성당 주임으로 오신 것은 1990년 9월이었습니다. 세종로의 9대 본당주임이고 8대 유재국(바실리오) 신부의 후임이었습니다. 원래 세종로본당은 역사도 오래되었지만 서울 종로 한복판에 있어서 대형 교회는 아니어도 서울 토박이 구 교우들이 많아 교구에서도 그 중요성이나 상징적 의미를 감안하여 아주 묵직한 사제를 보내는 곳이었는데, 장익 신부가 그 대표적인 경우였습니다. 신자들이 모두 이를 기쁘게 받아들이며 큰 기대를 가지고 칭찬을 아끼지 않았습니다. 무엇보다도 요한 바오로 2세 교황님이 방한하셨을 때 유창한 한국말로 인사를 했는데, 장 신부님이 로마에 계신 동안 교황님께 한국어를 가르쳐 드렸다는 이야기가 크게 회자되었습니다.

장익 신부님이 세종로에 오신 후 얼마 안 된 어느 날, 나를 불러서 처음 의논하신 일은 성당 밖 마당에 세워진 성모님 조각상에 관한 것이었습니다. 유명한 조각가 김세중 교수의 작품인데, 석고로 된 원형 그대로 비바람을 맞고 있으니 무슨 조치가 있어야겠다는 것이었습니다. 이분의 생각은 그 모습 그대로 본떠 화강석으로 새로 만들면 어떻겠느냐는 것이었습니다. 물론 나도 동감은 하였으나 '원본의 분위기를 어떤 석공이 그대로 재현할 수 있을까. 결국은 모조품을 만드는 것인데, 그것은 돌아가신 조각가에게 물어봐야 하는 건 아닐까.'라는 생각이 들었습니다.

장익 신부님은 알다시피 장면 부통령의 아드님에다가 서울대 미대 장발 학장을 작은아버지로 두셨으니 공부도 많이 했고 머리 좋고 예술적 소양과 지식은 누구보다 앞선 분이라, 내가 무어라고 할 처지가 아니었으나 특별히 나에게 의논하시니 대답해야 했습니다. 모사본을 만들고 원본은 미망인 김남조 시인께 돌려드린다고 하니 그것은 우리 본당 입장에서 손해 보는 것 아닌가라고 솔직히 유치하고 현실적인 대답을 드렸습니다.

그러나 김세중 교수를 포함하여 유명한 조각가의 작품을 많이 만든 석수장을 찾아내어 그 일을 맡겼습니다. 그래서 지금 세종로성당 입구에 성모상이 세워졌습니다. 나는 지금도 그 모습을 볼 때마다 모사는 잘되었으나 원작가의 손끝이 닿지 않았다는 아쉬운 느낌을 갖습니다.

장익 신부님은 그 성상이 완성되자 효창동의 김남조 선생께 연락을 드리고 원 성모상을 싣고 가면서 나에게도 같이 가자고 하셨습니다. 김남조 선생은 남편의 그 유작을 받고 눈물을 글썽였지만, 하여튼 나는 도무지 그 모든 과정이 별로 마음에 들지는 않았습니다.

그렇게 해서 이야기를 트기 시작한 장 신부님은 자주 나를 불러 성당 내부와 외부의 건축·인테리

세종로성당 입구에 있는 성모상

어·성미술품 등을 고치고 바꾸는 일에 끌어들였습니다.

알고 보니 신부님은 이야기를 해 볼수록 해박하고 생각이 깊고 경험이 많고 그러면서도 겸손하시고 많은 사람들을 알고 계셨습니다. 성당 분위기도 그전과는 사뭇 달라졌습니다. 물론 미사 전례의 집행과 강론을 통해서도 일반 신자들에게까지 그런 것들이 전달이 되고도 남았습니다.

어느 날 이야기 끝에 신부님이 오신 지 얼마 안 되었는데도 성당 부근의 소위 '맛집'들을 모두 알고 계신 것을 보고 놀랐습니다. 더군다나 우리 동네도 아닌 삼청동의 '서울에서 두 번째로 잘하는' 단팥죽 집에 같이 가자고 하셔서 더 놀랐습니다. '첫째로 잘하는 집'인데 일부러 '두 번째로 잘하는' 집이라 이름 붙인 것 같았습니다. 음식에 관해서도 해박한, 그야말로 미식가美食家였습니다.

그러다가 어느 해 추석인가 정초인가, 우리 집에서 저녁을 드시게 되었는데 모든 음식을 정말로 맛있게 드시고는 또 음식 이야기가 끝이 없었습니다. 그 이야기는 열 개 나라말을 유창하게 하시고 네 개 나라말은 모국어처럼 하신다는 세평보다도 더 놀라운 일이었습니다. 음식뿐만 아니라 우리 집에 오시면 벽에 걸린 그림과 글씨들을 하나씩 모두 감상하시고 그 감상을 이야기하시는데 동양화의 조예, 한자 실력 모두 놀라운 경지였습니다.

신부님의 언어에 대한 특별한 관심과 애정이 우리말에도 예외일 수 없어서 아마도 자진해서 우리 교회의 미사통상문을 쉽고 아름다운 우리말로 고쳐 쓰는 위원회를 만드셨던 모양입니다. 그때 고쳐진 기도문 가운데 우리가 늘 쓰던 "천주天主의 고양孤羊"이라는 말이 지금 쓰는 대로 "하느님의 어린양"으로 바뀐 것이 대표적 사례입니다.

그러던 어느 날 또 나를 사제관으로 부르시더니 우리 본당 이야기를 한참 하시다가 아주 자연스럽게 날더러 총회장을 좀 맡아 달라고 하셨습니다. 그때는 내가 공적으로 사적으로 엄청나게 바쁜 시절이어서 겨우 주일미사나 빠지지 않을 정도로 성당 일에 신경을 못 쓰던 시절이었습니다. 더구나 나는 어렸을 적부터 본당의 총회장이라면 머리와 수염이 모두 허옇게 센 연세 많고 신앙심 깊은 노인이 새벽부터 하루 종일 성당에 나와 살다시피 봉사하는 것으로만 생각하고 있었기 때문에 그 말씀에 너무 놀라서 갑자기 "택도 없습니다"라는 엉뚱한 말을 뱉고 말았습니다. 평소 정중하게 신부님을 대하던 내가 그런 불경스러운 표현이 튀어나온 것은 너무 놀란 나머지 큰 실수를 한 것이었습니다. "택도 없는 것"은 물론 나 자신을 말함인데, 듣기에 따라서는 "신부님이 택도 없는 말씀을 하십니다"라고 들을 수도 있는 상황이었으니까요. 신부님은 잠시 가만히 계시더니 "알았습니다"라며 조용히 나를 보내주셨습니다. 그 엄청난 사고 이후로 신부님은 나에게 회장 이야기를 다시 꺼내지 않았습니다.

장익 신부님과 내가 더욱 가까워지고 자주 만나게 된 것은 신부님이 만드신 '가톨릭미술가협회'에 나도 가입하면서 주로 그 심부름을 하게 된 때문이었습니다. 전국적으로 쟁쟁한 화가, 조각가, 공예가의 큰 모임이었습니다. 이탈리아의 수도자 화가 프라 안젤리코를 주보로, 장익 신부를 지도신부로 하는 그 모임과 토론과 회식은 우리들 서로에게도 큰 느낌을 주었습니다. 나는 처음에는 미술가회의 연락 등 심부름을 하다가 어느 해엔가 '가톨릭미술상 본상'을 받게 되었고 그 상을 받은 연고로 그 이후 몇 해 가톨릭미술상의 심사위원을 지내기도 했습니다.

그리고 당연히 세종로성당은 그 작가들의 성미술품으로 바뀌지고 새로 채워졌습니다. 주로 협회 회장을 맡았던 최종태 교수가 제대와 고상을 맡아 새로 만든 것을 비롯해서 성수반聖水盤, 부활 촛대, 감실에서 감실등까지…

내가 그 단체의 덕을 크게 본 것은 마침 광주가톨릭대학을 설계할 때였는데 우리 가톨릭미술가협회가 가장 자주 모일 때였기에 가능한 일이었습니다. 새로 지어지는 학교 여러 곳에 성미술품이 아주 많이 필요했

십사처(이종상 작)

습니다. 나는 회원들에게 너무 훌륭한 작가들이지만 정상적으로 작품료를 모두 드릴 수가 없다, 최소한의 재료비는 드릴 테니 새로 지어지는 신학교에 재능으로 기부해 주시라고, 신학생들이 당신들 작품을 보며 생활하고, 생각하고 깨닫게 해 달라고 부탁했습니다.

많은 작가들이 흔쾌히 내 부탁을 들어주어서 광주가톨릭대학은 성미술에서 로마 어느 대학 못지않은 풍요로운 소장품을 갖게 되었습니다. 가장 기억에 남는 작품은 일랑 이종상이 그려 준 십사처via crucification 그림입니다.

전체 캠퍼스의 중심에 세워진 성당은 신학생들이 새벽부터 아침, 점심, 저녁으로 하루 종일 드나드는 곳인데, 일랑은 내 부탁을 듣고 소위 장지화(장판지 그림)에다가 마티스의 방스Vense 수녀원 십사처만큼이나 단순화된 선화線畫를 그려 주었습니다. 신학생들 말고는 일반인들이 가 볼 기회가 없는 신학교 성당이지만, 일랑은 정말 열심히 하나의 새로운 기법을 개발한다는 심정으로 그림들을 그렸다고 했습니다. 아마도 한국 화가 중에 가장 그림값이 비싼 일랑의 열다섯 장이나 되는 그림은 값으로 따질 수 없는 액수일 것입니다.

그로부터 나와 일랑은 '태백산맥문학관'과 '신리성지 순교미술관'에 이르기까지 같이 일하며 여러 개의 좋은 작품을 함께 남겼습니다.

1994년 11월 장익 신부님이 4년 임기를 마치고 세종로를 떠나시자, 다음에 오신 분이 김정홍(루도비코) 신부님이었는데 2년도 안 되어 뇌출혈인가로 쓰러지시고, 그 직무대행으로 염수정(안드레아) 신부님이 오셔서 잠시 (1996.12~1997.2) 계시다가 또 대주교가 되셔서 서울교구장으로 가시고, 97년 3월에 안병철(베드로) 신부님이 새로 오셨습니다.

2년 남짓한 사이에 본당신부가 네 번이나 바뀌었던 것입니다. 그중에도 염수정 신부님이 가장 짧게 계셨는데, 이분은 본명도 나와 같은 안드레아였을 뿐 아니라 43년생으로 나하고는 동갑이었습니다. 그뿐만 아니라 친숙하게 지내게 되어서 강릉, 속초, 고성까지 우리 가족과 함께 여러 날 여행을 같이 하실 정도로 가까웠는데 그렇게 떠나시게 되어서 몹시 섭섭했던 기억이 납니다. 본인도 세종로가 좋아서 4년을 있고 싶었는데 4개월도 못 있었다며, 지금도 만나면 그 말씀을 하시면서 못내 아쉬워하십니다.

장익 신부님이 춘천교구의 교구장 주교님으로 발령을 받으셨을 때 세종로성당의 재정분과장, 시설분과장을 맡고 있던 내가 춘천교구장 착좌식 준비팀에 따라가서 낙후한 시설들을 돌보아야 했습니다. 성당은 엄청나게 쇠락했고, 주교관은 가난한 집의 샘플 같았습니다. "Every where there were signs of poverty"라던 O'Henry의 수필 가운데 한 문장이 생각났습니다. 전임 주교이신 아일랜드 출신 박 주교님이 너무도 청빈하게 사시고 교구 살림을 근검절약 위주로 하는 바람에 교구청에서 함께

춘천 죽림동성당 교육관(엄말딩회관, 1996)

일하던 한국 신부님들이 무척 고생을 했다고 들었습니다.

죽림동성당은 본당 모체인 곰실공소의 엄주언(마르티노, 1872~1955) 회장과 신자들, 그리고 초대 춘천교구장 토마스 퀸란Thomas Quinlan, (1896~1970) 주교와 성 골롬반 외방선교회 선교사들의 희생으로 세워졌습니다. 1949년 4월 곰실공소 신자들이 십시일반으로 헌금해 땅을 사고 홍천 강가에서 돌을 주워다 성당을 지었다고 합니다.

그로부터 50년이 지나 유명한 예술 애호가이신 장익 신부를 만나 죽림동성당은 '예술성당'으로 탈바꿈하게 되었습니다. 장익 주교님이 오래 후원하신 한국가톨릭미술가회 회원들이 총 출동하여 이 성당을 '예술작품'으로 만들었습니다. 가장 중요한 점은 처음 지어졌을 때의 소박함을 그대로 살린 채로 아주 조용하고 그러면서도 기품이 넘치는 작품들이 '헌정'된 것입니다. 성당 내부는 '건축가 김원의 세련된 솜씨'로 고졸古拙한

원형을 살린 채 일체의 장식이 배제된 가장 깔끔하고 깨끗한 조명과 인테리어로 마감되었습니다.

성당과 주교관을 위한 대강의 공사가 끝나자 주교님은 나에게 교육관을 새로 짓도록 설계를 부탁하셨습니다. 1949년에 죽림동성당을 처음 지으신 엄주언 마르티노 회장의 본명을 따서 '엄말딩회관'이라고 이름을 붙였습니다. 마르티노는 '말딩', 프란치스코는 '방지거', 안토니오는 '안당'… 옛날엔 그렇게 한자어와 한글의 합작으로 영명을 표기했습니다.

엄말딩회관에는 교육관과 신심단체의 회합실 등이 주로 들어갔고, 경사진 대지를 이 건물이 평평하게 메꾸어서 그 위에 넓어진 인공대지에다 사제관을 새로 지었습니다.

아래 사진은 회관의 좁은 중정 부분입니다. 이 light well을 통해 회관의 모든 방에 환기와 채광이 가능하게 했습니다. 오른쪽은 그 위에 새로 지은 사제관입니다.

설계와 감리 때문에 춘천을 여러 차례 오가던 어느 날 주교관 마당에 서서 주교님과 이야기를 하고 있던 중, 마당에 서 있는 마로니에 나무가 화제가 되었습니다. 주교님 말씀이 원래 마로니에는 이파리가 일곱 가닥으로 나는데 이 나무는 다섯 가닥으로 나오다가 일곱 가닥으로 늘어나니 특별한 나무라면서, 어떤 식물학자가 신기하다며 찾아오기도 했다는

엄말딩회관 중정 부분

사제관

마로니에 나무

것입니다.

  그 이야기를 듣고 보니 정말 잘 생기고 잘 자란 나무들이 보기에도 좋았습니다. 마침 땅바닥에 밤알 같은 마롱 열매가 몇 개 떨어져 있어서 무심코 두세 개를 주머니에 집어넣고 왔습니다. 그걸 잊어버리고 있다가 몇 달 뒤 재미삼아 옥인동 집 마당에 심었는데 신통하게도 그중 하나가 싹을 돋우더니 무럭무럭 자라기 시작했습니다. 거실 창 앞에 심었던 놈이 점점 커 가면서 생각지도 않게 건물 앞 창을 가리고 벽과 너무 가까워지면서 나무의 성장에도 방해가 될 것 같아 그대로 둘 수 없게 되었습니다.

  그때쯤 사무실을 지금의 광장빌딩으로 옮기고 조금씩 개보수를 하게 되었는데 건물 한가운데 어색하게 놓여 있던 분수대를 메꾸기로 하면서 차라리 거기다 이 예쁜 마로니에 나무를 옮겨 놓자는 기특한 생각을 하게 되었습니다. 분수대의 물통이 커다란 화분이 되면 키가 2m 남짓했던 이 나무에게 적당하리라고 생각했습니다. 그로부터 이 녀석은 건물 한가운데를 차지하고 무럭무럭 자라기 시작했습니다. 마치 자기가 이 건물의

1969년 바티칸에서 열린 김수환 추기경(뒷줄 맨 왼쪽)의 추기경 서임식 참석을 위해 로마에서 함께 차에 오른 윤공희 대주교(김 추기경 오른쪽)와 당시 비서 신부였던 장익 주교(앞자리 왼쪽)

주인이 된 듯한 태도였습니다. 또 마치 그런 역할을 맡겨 주어서 고맙다는 마음을 표현이라도 하듯 그 작은 공간을 가득 채우며 싱싱하게 자라 주었습니다. 몇 년 전 잎마름병으로 잎새 끝이 누렇게 말라 들어가서 몹시 걱정이 되었는데, 천행으로 그 병을 이겨내고 지금은 5층 높이까지 키가 커졌습니다.

나는 매일 하루에도 몇 번씩 마로니에 나무를 보고 지나면서 감탄을 금치 못합니다. 어쩌면 아주 옛날 프랑스 선교사들이 갖다 심었을지도 모를 오래된 조상 나무의 싱싱함을 이어받아 잘도 자라고 있는 이 녀석은 나에게 큰 기쁨을 줍니다. 사실 이 나무 한 그루는 이 건물 전체 또는 어느 구석보다도 아름답고 당당하고 싱그럽습니다. 나는 가끔 그 그늘에 의자를 놓고 앉아 와인을 곁들인 저녁 식사를 하고 싶은 욕심을 갖지만 한 번도 그렇게 되지는 않았습니다.

우리 어머니는 평소 그렇게 존경하고 따르시던 김수환 주교님이 추기경에 서임되신 것을 정말 자기 일만큼이나 기뻐하셨습니다.

소생이 살아생전 여기 세 분 어른을 알아 뫼시고 세 어른께서 나를

교황 요한 바오로 2세와 김수환 추기경(맨 오른쪽이 장익 신부)

알아주셨으니 그래도 내가 헛살지는 않았고 보람 있는 한 생을 보낸 것이라고 믿고 계십니다.

김 추기경님은 명동 주교관을 지어 달라고 하셨고, 윤 대주교님은 내가 광주가톨릭대학 교정 중에 가장 조용한 곳에 주교관을 지어 드렸고, 장익 주교님은 세종로성당 주임에서 춘천교구 주교로 가실 때 내가 따라가서 춘천의 낡은 주교관을 개보수하고 이어서 엄말딩회관이라는 문화회관과 사제관이 딸린 건물을 지어 드렸습니다.

그 외에도 나는 광주교구의 김희중 대주교님과 제주교구의 강우일 주교님과 원주교구의 지학순 주교님을 알고 지냈으며 그분들이 저를 좋아해 주셨기 때문에 자랑스럽게 이런 이야기를 하는 것입니다.

김희중 대주교님은 광주가톨릭대학을 지을 때 학교 교무처장으로서 설계 계약부터 공사 완공까지를 나와 함께하셨고, 지학순 주교님은 박정희와 사이가 가장 나쁘고 어려웠던 시절에 손수 설립하신 원주 진광고등학교의 개보수 설계를 해 드렸고, 체육관 겸 강당을 새로 지어 드렸습니다. 그 체육관이 원수전국체전에서 공인 경기장으로 채택되는 바람에 진광학교는 원주교육청이 관할하는 시범학교로 선정되었습니다.

2010년 주교님이 은퇴하시고 실레마을공소에 물러나 계시는 동안 나는 단 한 번도 가 뵙지를 못했습니다. 다만 아내가 세종로성당 신자 여럿과 몇 번 다녀왔을 뿐입니다. 그분들은 운 좋게도 주교님이 세종로성당에 계실 때 2주일 동안 유럽 성지순례를 함께 다녀온 분들입니다. 평소 주교님의 성품으로 보아 유추할 수 있듯이 그 여행을 위해 얼마나 열심히 공부하고 준비하고 계획을 짜셨던지, 얼마나 자상하게 안내와 설명을 하셨던지, 평생 못 잊을 여행을 했다고 들었습니다.

나는 주교님에게 두 가지 미안한 일이 있습니다. 한 가지는 혜화동에 있는 고 장면張勉 박사 고택을 기증하여 기념관으로 유지하도록 해 달라고 나에게 부탁을 하셨는데, 그 부탁을 그때 못 들어드린 일입니다. 사실

평양 장충동성당 첫 미사 올린 장익 주교 선종

전 춘천교구장…장면 전 총리 아들

전 가톨릭 춘천교구장 장익(사진) 주교가 5일 선종했다. 향년 87.

고인은 이날 오후 6시9분 노환으로 세상을 떴다고 한국천주교주교회의가 6일 밝혔다.

한국 가톨릭의 대부 구실을 했던 장면 총리의 셋째 아들로 태어난 장 주교는 미국과 유럽에서 신학을 공부하고, 서른살이 되던 1963년 오스트리아에서 사제 서품을 받았다. 이어 서울대교구 교구장 비서, 정릉본당 주임을 거쳐 서울대교구 공보·비서실장, 사목연구실장을 지냈으며, 1994년 춘천교구 주교로 임명받아 15년간 교구장을 지냈다.

고인은 분단 교구인 춘천교구를 맡으면서 통일 사목에 관심을 기울였고, 2005년 함흥 교구장 서리를 겸하기도 했다. 2006년부터 2년간 한국천주교주교회의 의장을 지냈다.

2010년 교구장직에서 사임한 뒤에는 원로 주교로 춘천 실레마을 공소 사제관에서 기거해왔다.

고인은 김수환 추기경을 비서 등으로 40년간 보좌했으며, 1984년 방한한 교황 요한 바오로 2세의 한국어 교사를 맡기도 했다. 요한 바오로 2세는 방한 때 유창한 한국어를 구사해 많은 이들을 놀라게 했는데, 그만큼 장 주교의 헌신적인 노력이 컸다고 알려졌다. 1988년 10월 교황 특사 자격으로 평양 장충 성당을 방문해 첫 미사를 봉헌했다.

빈소는 춘천교구 죽림동 주교좌 성당이며, 장례미사는 8일 오전 10시30분 봉헌된다. 장지는 춘천 죽림동 성직자 묘지다. (033)254-2631.   조현 종교전문기자 cho@hani.co.kr

---

나는 그때 서울시에 그런 제안을 할 만큼 힘이 없었습니다. 그러나 다행히도 사람들이 알아서 -적어도 한 나라의 총리를 지내신 분의 유적이므로- 지금은 「장면총리기념관」으로 잘 보존되어 개방하고 있습니다.

다른 또 한 가지는 북한 어린이들에게 간염 백신을 놓아 주는 독일 카리타스사업이 원래 주교회의 소속으로 되어 있었는데 주교회의가 간섭을 한다며 독일 사람들이 독립 법인을 설립하고 나에게 이사장을 맡아 달라고 했을 때 주교님께 의논을 드렸던 일입니다. 그때 주교님은 -반대한다는 뜻으로- "신중히 생각해서 맡으십시오"라고 하셨는데 내가 그 일을 맡을 수밖에 없었던 사건입니다. 아마도 주교님은 그 일을 두고 섭섭하게 생각하셨을 것 같습니다.

장익 주교님의 장례미사는 엄숙하고 아름다웠습니다. 주교회의 의장

장익 주교 장례미사

을 지내신 어른이라 전국의 주교들이 모두 모여서 미사를 공동 집전했으니 작은 성당의 제대가 주교님들로 가득했습니다. 나는 그날 미사 안내에 나온 주교님의 약력에서 그분이 경기고등학교 48회 졸업이라는 것을 처음 알았습니다. 그래서인지 조금 더 가깝게 느껴지는 것 같았습니다. 나는 내가 주교님과 의논해 가며 개보수 설계와 공사를 해 드린 작은 죽림동성당의 그날 분위기가 너무 좋았습니다. 후임으로 주교회의 의장을 넘겨받은 광주교구 김희중 대주교님은 미사 후에 송별사를 하시면서 말씀 도중 내내 흐느끼느라 이야기가 이어지지를 않을 정도였습니다.

미사 후 주교님은 성당 뒤편 작은 성직자 묘지에 묻히셨습니다. 요즘 우리가 시성시복을 청하는 기도문 가운데 나오는 "홍용호 보르지아 주교와 그 동료 80위 …"라고 하는 그 보르지아 주교님 옆에 묻히신 것입니다.

춘천교구장으로 취임하시면서 이제 나는 춘천에 이 몸을 묻을 각오를 하고 춘천을 사랑하시겠다고 하시던 당신 뜻대로 되신 것입니다.

내 기억 속의
그분

조광 | 고려대학교 한국사학과 명예교수, 前 국사편찬위원장

내가 그를 처음으로 직접 만난 때는 그가 김수환 추기경의 비서실장으로 있던 1976년으로 기억된다. 물론 그를 만나기 전부터 나는 1960년대 후반기 가톨릭대학 신학부 교수로 있던 박상래 신부로부터 그에 관한 상찬의 말을 들은 바가 있었다. 그리고 그가 서강대학교 종교학과 교수로 부임한 다음, 서강대학교를 방문했다가 가끔 그를 만날 수 있었다. 그리고 그가 돈암동에 있는 툿칭 분도수녀회에서 거주할 때에도 수녀원을 방문할 때면 겸사겸사 그와도 약속하여 만나기도 했었다. 그러나 당시 그와의 만남은 신자 대 성직자 혹은 대학에 적을 두고 있는 사람들 사이의 만남에 그치는 정도였지, 특별히 어떤 부탁을 주고받을 수 있었던 처지는 아니었다.

1970년대 당시 중앙대 교수였던 권중달 형은 대만에서 유학할 때 장익 신부와 같이 있었다고 한다. 권중달 교수는 그가 어학 실력이 특출해서 단시간 내에 중국어를 마스터해서 유학 선배였던 자신도 놀랐다는 말을 전해 주기도 했다. 이렇게 1970년대에 내가 그에 관해서 들은 이야기로는 그는 매우 어학에 능하고 박학다식하다는 이야기였다. 혹자는 그를

자타가 공인하는 천재라는 말도 했었다. 그리고 그 천재가 우리나라 운전면허 학과시험에서는 낙방한 적이 있었다는 '유쾌한' 농담도 들었던 기억이 있다.

1984년은 '한국 천주교 200년'을 기념하는 행사가 대규모로 열렸던 때였다. 이때 가톨릭미술가들과 협의하여 기념전시회를 덕수궁에 있던 현대미술관에서 열었다. 그 작업은 서울대 김세중 교수가 주도했다. 이 전시회에 프랑스 야수파의 화가 앙리 마티스의 성미술 작품 여러 점과 바티칸 미술관 소장 작품 일부도 볼 수 있었다. 당시 김세중 교수는 사석에서 이 작업들을 주로 장익 신부가 감당해 냈다고 했다. 한편 다른 자리에서 김세중 교수는 일제강점기 때 나이 때문에 일본어 교육을 제대로 받지 않았던 장익 신부가 일본의 고어와 고전문학에 대해서도 일가견을 가지고 있음에 감탄했다는 말도 해 주었다.

과연 그가 어학에 능하고 박학다식했다는 사실은 여러 모로 증거되었다. '한국 천주교 200년'을 기념하는 국제심포지엄이 열렸다. 이때 기조강 연자로는 남미 해방신학의 아버지 헬더 까마라 주교가 초빙되었고, 발표자와 토론자들은 한국어와 영어, 불어, 독일어, 스페인어 등을 쓰는 사람들이었다. 그 학술대회에서 주제 발표는 동시통역으로 진행되었다. 그러나 문제는 종합토론이었다. 이때 사회를 맡았던 장익 신부는 그 여러 개의 언어를 동시에 구사하면서 무난히 토론을 이끌어 나갔다. 청중들은 모두 감탄했다. 청중뿐만 아니라 학술대회에 관계했던 여러 전문 인력들도 혀를 내둘렀다.

전두환의 독재가 한창 기세를 떨치고 있던 1987년 고려대학교의 몇몇 교수들과 나는 서로 뜻을 모아 고려대 교수 명의의 민주화 선언을 발표했다. 이 성명은 큰 파장을 일으켰다. 고려대 교수단의 성명에 곧이어서 광주가톨릭대 교수단의 성명으로 이어졌다. 그리고 약간의 지체를 거쳐 대학별 성명이 계속되었고, 서강대학교 교수단도 민주화를 갈망하는 선언을 비교적 빨리 호응해서 발표해 주었다. 당시 서강대 교수로서 내가 아는 분들이었던 서공석, 정양모, 장익 교수의 이름들도 그 성명서에 기재되어 있었다. 사실 고려대 성명이 발표된 직후 서울에 소재한 다른 대학의 호응이 즉각적으로 나타나지 않아서 내심 걱정되던 차였다. 이때 서강대학교 교수들의 성명이 발표되었고 그 성명서를 보면서 나는 그분들에 대한 지극한 감사의 마음을 숨길 수 없었다.

고려대 성명이 발표된 그날 나는 혈당이 600대에 이르러 내 매제가 교수로 있던 신촌 연세대 세브란스병원에 급히 입원해서 가료를 받게 되었다. 즉, 병원에 억지로 입원하여 2주간 입원 치료를 받기 시작하던 때였다. 사실 그때 나는 입원 직전까지도 당뇨병의 개념을 몰랐기 때문에 제법 태연자약했으나, 지금 생각하면 아찔한 일이었다. 입원 초에 그 입원실로 뜻밖의 손님들이 찾아왔다. 바로 서강대학교에 계시던 정양모 신부, 서공석 신부 그리고 장익 신부 세 분의 교수 신부들께서 찾아와 문병을 겸하여 격려해 주었다.

그때 장익 신부는 나에게 혈당을 물었고, 사실대로 이야기하니 그 위험에 대해서 자세히 알려 주며 조심하라고 했다. 원래 의사들은 최악의 경우를 상정하기 때문에 환자의 건강에 대해서는 허풍이 심하다고 생각해 왔다. 그리고 내가 입원한 것도 그러한 허풍의 일부가 아닌가 생각하던 차였다. 이때 나에게 해 준 그의 말은 의사들의 말이 허풍이 아니라 정말임을 확인시켜 주었다. 그 후 내가 세브란스에서 약간은 모범 환자로 있을 수 있었던 까닭은 그의 조언 때문이었다. 물론 이로써 나는 그의 박식함을 직접 확인할 기회도 갖게 되었다.

1988년 여름철로 기억된다. 그때 나는 『동아일보』에 기고한 칼럼에서 "우리나라 역사에서 장면 시대는 단군 이래 처음으로 민주주의를 구가하던 때였다"는 취지의 글을 썼다. 이 칼럼을 읽고 그는 곧 전화를 걸어 와 『동아일보』의 칼럼을 잘 읽었다는 말을 전해 주었다. 그 후 장면 정권 때에 진행된 경제개발을 위한 노력이 포함되어 있던 짤막한 글을 쓴 바 있다. 그때에도 또 서로 만나서 대한민국 제2공화국의 역사와 장면 총리에 대한 연구의 필요성에 대한 말을 주고받았던 기억이 새롭다. 그 후 그는 간간이 장면 연구의 필요성을 이야기했다. 그러나 나의 전공이 조선 후기사였으므로, 나는 교양 이상의 수준에서 장면을 논하기에는 부적절하다고 스스로 생각하여 이를 주저하고 있었다.

이러한 차에 김수환 추기경과 왕년의 민주당 인사들이 중심이 되고, 그 밖의 몇몇 분들로 새롭게 구성된 운석장면기념사업회의 활동이 1990년대 초에 재개되기에 이르렀다. 당시 서울대교구장이었던 김수환 추기경은 이 사업에 많은 관심을 가지고 있었다. 그리고 1998년 추기경을 사임하고 혜화동 은퇴 사제들의 사제관에 머물 때에도 혜화동에 있던 한식점 목동에서 운석장면기념사업회 이사회가 열리는 날이면 빠지지 않고 참석했다. 김수환 추기경은 그때 장익 신부의 부친인 장면 전 국무총리에 대한 각별한 존경을 표했다. 그리고 장면과 같은 분은 시복의 대상이 되어도 좋겠다고 말하기도 했다. 이 운석장면기념사업회에서 나는 말단 이사의 자리에서 장익 주교를 비롯한 여러 어른들을 정기적으로 접할 수 있었다. 이 일이 지금은 즐거운 추억으로 남아 있다.

1999년이었다. 운석장면기념사업회가 주관이 되어 제2공화국 국무총리 장면 탄신 100주년 기념식이 혜화동성당에서 열렸다. 이 미사에는 당시 대통령이었던 김대중도 참석하여 장면 총리를 추모하는 공식적인 언급을 해 주기도 했다. 또한 동아일보 미술관 2층과 3층에서 장면 탄신 100주년 기념 전시회가 열렸다. 이 기념 전시회는 경희대 허동현 교수 및 디자이너 신요셉 선생의 노력으로 성공리에 진행되었다. 그러나 실은 이 모임이나 전시회도 장익 신부의 노력이 없었다면 이루어질 수 없었으리라 생각된다. 그리고 장면에 관한 역사적 연구와 그 동상을 세우려던 계획이 구체적으로 진행되었고, 장익 신부는 기념사업회의 몇몇 분들과 함께 청와대를 방문하여 연구 지원금을 받아낼 수 있었다.

박지원이 문화관광부 장관을 맡고 있었을 때였다. 청와대에서는 문광부를 통해 중앙정부의 예산을 서울특별시로 내려 보냈다고 통고했다. 이와 같은 지방 교부금은 반드시 지방정부의 대응자금이 있어야 지출이 가능했다. 그러나 서울시에서 담당자들이 이러한 대응자금의 부담 때문에 차일피일 미루다가 결국 청와대의 결정에 의해 할당되었던 자금을 중앙정부로 반환해 버렸다. 이 때문에 제2공화국과 장면 국무총리에 대한 체계적 연구의 기회는 무산되어 버렸다.

장익 신부는 그 후에도 운석장면기념사업회에 제2공화국 국무총리 장면에 대한 체계적 연구를 제안했다. 그 연구의 비용은 운석장면기념사업회에서 지출하기로 했다. 물론 기념사업회의 재정에는 한계가 뚜렷했고, 재정 책임은 장익 신부가 거의 혼자서 짊어졌다. 그리고 그 자금원은 장익 신부의 형수인 김종숙 여사였다. 김종숙 여사는 시부에 대한 아름다운 기억으로 자금 마련을 위한 고생을 감당해 냈다. 그분 노력의 결과가 꽃필 날이 있기를 기다린다.

이러한 과정에서 운석장면연구회가 구성되어 근현대사를 공부하는 사람들이 모여서 함께 장면을 연구하게 되었다. 그때 나는 조선 후기사를 전공했지만, 거기에 모여 있던 연구자들보다 나이가 조금 위에 있다는 이유 때문에, 그리고 장익 신부의 강권으로 운석장면연구회 회장직을 맡게 되었다. 그래서 이때『장면 총리와 제2공화국』,『한 알의 밀알이 죽지 않고는』(개정판) 등을 낼 수 있었고, 몇 번의 학술회의도 가지게 되었다. 그러나 내가 회장직에 있으면서도 장면에 대한 연구를 제대로 진행하지 못했음을 고인이 된 장면 선생과 장익 주교 앞에 거듭 사과드릴 수밖에 없다.

사실 나는 그때 연구자에게 주어지는 여러 역役 때문에 별로 겨를이 없었다. 교내에서 교수에게 요구되는 여러 보직들은 나의 귀중한 시간을 빼앗아 갔다. 또한 한국사 연구자로서 짊어져야 할 각종 심부름으로 한국사연구회를 비롯한 다른 몇몇 중요 학회에 대한 책임이 내가 하고 싶은 일들을 방해했다. 이러한 보직의 경험은 학문 연구와는 관련 없는 일인 경우가 많았다. 그리고 정년을 채우고 물러난 다음에도 서울시사편찬위원회와 국사편찬위원회 위원장 등 공직을 계속 맡고 있어서 옆에서 채근하는 일을 처리하는 데에도 바빴다. 이제 내가 하고 싶은 일들을 하고자 해도 이미 서산으로 해는 넘어가고 있다. 그러니 내가 빚진 장면과 제2공화국사에 대한 연구는 갚지 못할 빚으로 남을 수도 있다. 지금에 와서는 이 점이 매우 아쉽다.

장익 신부는 1994년 춘천교구장에 취임했다. 마침 춘천교구 사제였던 외우 김택신 신부가 장익 주교를 도와 교구청에서 일을 하고 있었다. 그래서 가끔 춘천교구청에 들러 만나서 이야기를 나누기도 했다. 어느 해인가 관동지방 태백산맥에 큰 불이 났던 때가 있었다. 그 불이 난 다음 장익 주교는 불난 자리에서 돋아나는 강원도 산나물의 진미에 대해서 재미있게 이야기를 해 주었던 사소한 기억도 이제는 새롭다. 나는 그때 그가 가진 박학다식의 목록에 드디어 산나물도 올라가게 되었다고 웃으며 생각했었다.

장익 주교가 춘천에서 사목할 때 장면 총리의 명륜동 가옥이 문화재로 지정되었다. 나는 장면 총리 가옥을 그로부터 수년 전에 방문하면서 일국의 총리가 살던 집이 오늘의 기준에서 보자면 서민주택 정도의 규모에 불과했다는 사실을 후손들에게 꼭 알려야 하겠고 이를 위해서 그 집를 보존해야 한다고 생각했다. 그래서 집의 소유자로 되어 있던 장진 교수에게도 이러한 뜻을 전한 바 있었다. 그 후 명륜동에 있는 장면 가옥이 팔려 나갔다는 말을 듣고 매우 아쉬워 했는데, 이 집이 다시 구입되어 문화재로 지정되었다. 이 과정에서 김종숙 여사와 김정신 교수가 많은 노력을 해 주었다.

그때 나는 박원순 시장의 역사 자문역을 하고 있으면서 서울시문화재위원회에서 일정한 책임을 맡고 있었던 때였다. 이때 장면 가옥에 서울시비를 투여하여 집을 보수하고 일반 관람이 가능한 전시시설을 설치하기로 했다. 이 일에 지금은 고인이 되었으나 너무도 착했던 박원순 시장이 깊은 관심을 가지고 기꺼이 동의해 주었다. 그는 장면 총리 가옥의 보수가 끝나고 일반 공개되던 날 직접 와서 테이프를 끊어 주었다. 그 이후 서울시문화재위원회는 서울 시내 각처에 남아 있는 주요 국무총리들의 가옥을 축차적으로 구입하여 미래의 문화재로 지정해 나갔다. 물론 제2공화국의 국무총리와 그 후 대통령 중심제의 국무총리는 격이 완전히 다르지만, 장면 총리 가옥에 대한 관심은 또 다른 미래의 문화재들을 보존할 수 있는 계기를 마련해 주었다.

한편, 장익 주교가 은퇴한 후 금경숙 선생과 한번 그를 찾아갔던 기억이 난다. 그와 나눈 마지막 통화는 그가 서거하기 몇 개월 전이었다. 그는 장면 선생이 번역해서 간행했던 "억만인의 신앙"을 새롭게 다듬어 가톨릭출판사에서 간행하기로 되어 있다고 했다. 그리고 그 책의 표지 날개 부분에 들어가게 될 번역자 장면 선생에 대한 소개글이 너무 오래전 글이어서 마음에 들지 않으니 다시 써 달라는 부탁이었다. 내가 글을 정리해서 다시 보내드리겠다고 하니, 그는 자신의 몸이 불편하여 볼 수 없을 터이니 그대로 출판사로 전해 주라고 했다. 그러나 나는 원고지 2매 분량의 글을 정리하여 그와 출판사로 동시에 보냈다. 그로부터는 소식이 없었고, 얼마 후 그의 부음을 전해 들었다. 그 후에 가톨릭출판사에서 그가 마지막으로 공을 들였던 장면 선생의 그 책이 나왔다. 나는 아직 그 책을 받아 보지 못했지만, 그 책은 나에게 그와 통화할 수 있는 기회를 주어서 고맙다는 생각이 든다.

나는 그의 부음을 듣고도 직접 고별을 고하지 못했다. 공교롭게도 코로나19가 유행하여 공직자에게 타지 방문을 삼가라는 공문을 받은 직후였다. 그렇다 해도 그동안의 인연을 생각하면 꼭 찾아뵈었어야 했다. 그러나 더욱 공교롭게도 그의 장의가 진행되던 기간 동안 우리 기관이 주관하는 비대면 학술회의들이 계속해서 열리고 있었다. 이를 주관하고 때때로 참견해야 했던 당시의 상황에서 나는 멀리서나마 그를 애도할 수밖에 없었다. 그 후 그의 무덤을 별도로 찾아가 인사를 나누기는 했지만, 이제 얼마 후면 그의 1주기가 된다. 그의 1주기에는 나도 국화꽃 한 송이를 그의 무덤 앞에 놓을 수 있겠다.

내 기억 속의 그분, 장익 주교는 한국 현대사의 격랑을 견디어내며 살아갔던 인물이다. 그리고 가톨릭교회를 아꼈고 그 가르침에 남다른 자부심을 가지고 있었다. 그가 직접 키운 학문의 제자가 누구인지는 모르겠다. 많은 경우 완벽을 지향하던 그에게는 아마 제자가 없을 수도 있겠다. 그러나 그는 박학다식으로 무장된 이성과 남다른 감각으로 자신이 고민하던 현대사의 주제를 조화롭게 풀어 나가려 노력했던 인물이기도 했다. 그가 현대 한국 가톨릭사에 남긴 발자취는 민주주의를 향한 격랑의 시내 한국 교회를 이끌었던 김수환 추기경과 함께 이 땅의 민주화를 위해 이바지한 측면을 주목할 수 있다. 또한 북한의 복음화를 위해 사제 시절과 주교로 취임한 다음에도 줄기차게 유지했던 사려 깊은 관심도 현대 교회사의 발전과 관련하여 상기할 수 있다. 무엇보다도 그의 말년을 보낸 춘천교구에서 그가 보여 주었던 사목적 업적에 대한 평가도 한국 교회사의 일부를 이루게 된다. 어찌 보면 그는 현대의 역사를 만들던 사람 가운데 하나였다. 이제 그에 관한 역사를 정리하는 일들은 후학들의 몫이 되었다.

거듭 장익 주교의 영원한 안식을 기원한다.

가까이하기에 너무 어려웠던
그리운 사목자

김영섭 시몬 | 건축가, 서울도시건축비엔날레 관장

내가 처음 장익 신부님을 만난 곳은 1971년 봄, 부모님과 살던 동네 정릉에서였다. 그때 난 신부님이 젊은 건축학도를 위해 성당 구석구석을 보여주셨을 때 본당의 냉담자임을 감추고 천연덕스럽게 따라다녔다.

그리고 나서 반듯하고 단아한 모습의 장익 주교님을 다시 뵈온 곳은 1973년 서울대교구 사제 피정이 진행 중이던 예수회 수원 말씀의 집에서였다.

대학 4학년이었던 나는 가톨릭 성서 모임 초창기에 「프로테스탄트 평신도 성서 연구에 관한 보고서」를 가지고 사제 피정 교육 프로그램에 대학생 성서 연구를 소개하던 때였다.

김수환 추기경님과 함께 계신 장익 신부님을 뵙고 반갑게 인사드렸다. 거의 50년 전의 기억임에도 그때 장익 신부님의 인상은 가까이 하기에는 아직도 멀리 계신 분으로 느껴졌다. 그 후 장익 신부님과 다시 조우한 것은 1979년 성탄절 무렵의 로마에서였다. 여의도 조선교구 설정 150주년 기념식장을 설계하고 그해 겨울 요한 바오로 2세 교황님 방한 준비 관계로 교황청을 방문했을 때였다. 교황님 방한 행사 준비차 구성된 평신도 위원들과 함께였는데 그것은 일종의 워크숍 형태의 유럽 성지 답사였다. 로마에서 장익 신부님의 특별한 배려로 성탄절 미사를 성베드로 대성전에서 참배할 기회를 얻을 수 있었다. 추기경과 주교단 바로 뒷줄에서 교황님을 바로 마주하고 드리는 미사는 스물아홉의 젊은이에게 지울 수 없는 인상을 남겼다. 나는 미사 중간중간 자리에 일어나서 교황 성하의 모습을 촬영했다. 그때마다 교황청 경호원들의 정중하고 예의 바른 제지를 받았다. 성탄 미사 후 장 신부님은 우리 일행을 중국 음식점으로 초대하였다. 장익 신부님이 성지순례 지도신부였던 오태순 신부님과 오랜만에 독주로 회포를 푸시던 모습이 기억에 새롭다.

1984년 교황께서 방문하실 곳으로 확정된 명동대성당과 여의도 시성식장 모두 내가 공사감독을 맡고 있거나 설계하고 있었던 관계로 장 신부님과 자주 뵙게 되었다. 장익 신부님은 교황님 측근에서 한국 방문 준비를 총괄하고 계셨지만, 매사에 큰소리 내는 법 없이 어려운 준비 과정 동안 모든 일들을 원만하게 조정하고 확인하셨다. 그 와중에 명동대성당에 냉방시설을 노입하라는 새로운 수분은 내게 큰 도전으로 다가왔는데, 장익 신부님께서 내게 간결하게 말씀하신 것은 "할 수 있으면 냉방이 되었으면 좋겠습니다"였다.

나는 당시 약관 서른셋의 패기만만한 젊은 건축가였지만, 그때까지 유럽의 고딕성당에도 냉난방이 모두 갖추어진 예는 별로 찾아볼 수 없었다. 한국의 내로라하는 삼신설비, 한일설비 회사와도 의논해 보았지만 대부분 그렇게 큰 대형 공간의 냉난방공조시스템을 경험해 본 바 없다는 답변이 왔을 뿐이다. 달리 대안을 찾을 수 없어 순전히 건축가의 생각만으로 고안해 낸 것이 오늘날의 명동대성당 냉난방시스템이다. 지금까지도 무탈하게 운용되고 있는 성당 신자석 장의자 밑 공기 토출구의 공기저항을 이용한 방식이었다. 사람 키 높이 정도까지만 덥히거나 시원하게 만드는 대공간 냉난방시스템은 그 후 새로 짓는 한국의 큰 교회와 집

회장의 표준 냉난방시스템 방식으로 자리 잡게 되었다. 당시 명동대성당의 본당신부는 김수창 신부님이셨는데 장익 신부님과 친구 사이여서 설비와 내부 시설 보완 공사를 위해 성당을 반년 동안 문을 닫아야 할 것 같다고 어렵게 진언드렸을 때 돌아온 말씀은 서슴없이 "그렇게 하십시오"였다. 교황님 방문 준비라고는 하지만 그사이 6개월간 대성당 문을 닫고 공사를 진행시킨 것은 지금 생각해도 진땀 나는 기억들이다. 그때 명동대성당에서 혼배성사를 치르지 못한 신혼부부들에게도 두고두고 용서를 빌어도 모자랄 일이 되고 말았다.

그 후 바티칸에서 귀국하신 장익 신부님은 세종로성당 주임을 맡으셨다. 나의 필운동 건축문화설계사무소 건물이 세종로성당과 담 하나 사이를 둔 이웃이 된 터라 부름이 있을 때마다 찾아뵙게 되었다. 당시 최종태 교수님의 아뜰리에와 주택 설계를 끝낸 지 얼마 안 된 시점에서 신부님은 나를 사제관으로 부르셨다. 세종로성당 제대를 어떻게 좀 고쳐보자는 것이었는데, 나는 작은 면적을 설계하면서 그렇게 많은 크로스체크를 당해 본 일이 없었다. 그 후 장익 신부님께서 날 찾으신다고 하면 '걸음아 나 살려라' 하고 줄행랑을 치기 일쑤였다. 깐깐하기 그지없는 건축주 최종태 교수님은 장 신부님에 비하면 보살님이나 다름없었으니 말이다.

깔끔하고 반듯하고 군더더기가 없는 건축의 디테일을 구현하자면 참으로 많은 생각과 경험을 필요로 한다. 나는 장익 신부님의 높은 안목과 기대에 도저히 부응할 수 없는 수준 낮은 건축가로 스스로 낙인찍고 신부님의 부름을 피해 다녔다.

1994년 늦가을 신부님의 전화가 와서 귀를 기울였는데 "한 달 정도밖에 여유가 없는데 춘천 주교좌 죽림동성당에 한국 소나무로 의자 하나 만들어 줄 수 있을까요?"라는 부탁이었다. 나는 엉겁결에 "소나무는 뒤틀림이 심해서 의자 만드는 재료로는 적당치 않습니다만, 중고재 사용을

허락하시면 만들어 보겠습니다"라고 답변을 올렸다. 그 후 신부님은 세종로성당에서 주교가 되시고 바로 춘천교구 2대 교구장으로 부임하신다는 소식이 들려왔다. 주교님이 교구장으로 가시면 한동안 못 뵈올 것 같아 착좌식에 쓰일 주교 의자를 빠르게 만들어 드렸다.

    주교님께서는 이삿짐을 정리하면서 세종로성당에서 들으시던 오디오 세트를 답례로 내게 주셨다. "정 마음에 들지 않더라도 내게 도로 가져오지 말고 아무나 좋아하는 이에게 물려주세요"라고 말씀하시면서 고위 성직자의 삶에서는 좋아하는 취미도 끊어내야 하는 법이라고 그 이유를 설명해 주셨다.

    강릉 초당성당과 임당동성당의 부속 유치원 건물 신축은 장익 주교님께서 교구장으로 부임하신 지 3년이 지난 후 내게 직접 설계를 하명하신 일이다. 본인이 설계자를 지명하셨으나 본당신부가 관장하는 일은 추호도 관계하거나 교구장의 의견을 반영하는 법 없이 진행하도록 하였다. 나는 초당성당의 사제관 설계는 故이종호 한국예술종합학교 교수에게, 임낭동성낭 건은 나와 같은 사무소 건물을 사용했던 김종규 교수와 나누어 일을 하고 건축허가 등의 수속은 나의 건축문화사무소가 대신 맡았다.

    어려운 형편에도 장익 주교님이 부탁하신 당시 조촐한 공사비로 시작한 초당성당은 지금 한국의 아름다운 10대 교회 중 하나로 선정되어 탐방객이 끊이지 않는다고 들었다. 특히 성미술은 온전히 그분의 안목으로 이루어졌다. 故장동호 조각가의 십자가, 임송자 교수의 십사처 그리고 최영심 유리화가의 스테인드글라스가 아름다운 성당 내부는 빛이 가득하고 고요하다.

    장익 주교님은 2010년 교구장 은퇴 청원을 하고 공소생활을 시작하셨다. 은퇴 직전 교구장님과 춘천역 한 정거장 전 신남역(현 김유정역)에서 만나 주교님께서 은거하실 산막을 지을 장소를 보러 다닌 일이 생각난다. 주교님이 점 찍어 놓은 부지는 경관이 좋고 도로에서 약간 은폐된 오르막의 반듯한 산지였다. 북풍을 막아 주는 야트막한 언덕과 성긴 나무 숲속의 고요한 땅이었다. 나는 물만 있으면 좋으련만 하고 혼잣말을 했다. 그때 산막에서 나무등짐을 하고 세수도 안 한 얼굴의 노부부가 내려왔다. 주교님은 "여기 물 많지요?" "물이 있으면 우리 얼굴이 이 모양이겠소?" 돌아온 대답이었다. 주교님은 실망어린 표정을 감추느라 헛기침을 여러 번 하셨다.

끝으로 장익 주교님 1주기를 맞아 편지를 쓰고 싶다.

늘 가까워지기 어려운 주교님께

아시는 것이 너무 많아 누구에게나 넘칠 만큼 나누어 주시던 분
정작 자신에게는 인색하셨던 분
항상 반듯하시고 예법을 중시하셨던 분
형식이 아름다워야 내용이 빛난다 말씀하셨던 분
전화 받아 적어 올릴 때조차 제목 쓰고 한 줄 띄우고
내용을 받아 적어라 하셨던 분
아버님 장면 박사를 무척 존경하셨던 분
아버님의 정신 유산과 혜화동 한옥을 기념관으로 만드셨던 분
한편으로 무소유를 실천하느라 고생을 마다하지 않으셨던 분
때때로 터무니없이 까다로웠던 분
그래서 세상에 한 착한 여인이 구원받았을 것이라고
우리들이 뒤에서 낄낄대었던 분
자신의 주장을 강하게 그러나 온유하게 내세우시고
주장이 받아들여지지 않을 땐 미련 없이 털어 버리셨던 분
서울 사투리를 제대로 구사하셨던

목소리 차분한 서울 양반 주교님,
요즈음 그런 분이 한 분 한 분 떠나가셔서 그런지
문득 사무치게 그립습니다.

장익 주교님의 뒷모습

유소년기에 살았던
장면 가옥(국가 등록문화재 357호)

김정신 | 단국대학교 명예교수, 서울시 건축분과 문화재위원장

이 집은 운석 장면張勉 선생이 넓은 앵두밭 맨 아랫자락 성북동에서 흘러 내려오는 맑은 시냇가에 터를 잡아 짓고, 1937년 8월부터 살던 집이다. 그 위치는 명륜동 1가 36번지 1호였으며, 대지 124평에 '재래식' 안채와 '신식' 사랑채가 그대로 보전되어 왔다. 여기서 장면(1899.8.28.생) 선생과 부인 김옥윤(1901.3.23.생) 여사가 진震, 의숙義淑, 건建, 익益, 순純, 홍興, 명자明子 일곱 남매를 키우며 평생을 살았다. 자녀들 중 홍과 명자는 바로 이 집 안방에서 태어났다. 장익 주교는 1933년 11월 20일 익선동 166의 53번지 한옥에서 태어났으며, 4살 때 이 집으로 이사(1937.8.18.)와 1950년 11월 19일 미국으로 갈 때까지 살았다.

이 집의 설계와 시공은 장면 선생의 막내 처남인 김정희金貞熙가 하였고, 오늘날까지 아무런 변형 없이 원형 그대로 보존되어 왔다. 다만 1950년 초가을 전란 중에 사랑채 응접실이 포탄을 맞아 한 차례 수리한 적이 있을 뿐이다. 대지 주위 동측으로는 흥덕동천興德洞川이 흘렀으며, 가옥으로 출입하기 위한 앞뒤 출입구 부분의 하천에 다리가 존재하였다. 또한 장면 가옥 남측에도 배수로가 있어 출입을 위한 다리가 설치되어 있

장면 가옥(동측 길에서 본 모습)

었다. 기존의 하천과 배수로는 복개되어 도로가 되었다. 4계단 위의 남측 대문을 들어서면 나지막한 담장으로 막혀 안채가 보이지 않으며 좌측의 중문을 통해 안마당으로, 우측으로는 사랑채 현관으로 통하게 되어있다. 이는 당시 안채의 사생활을 보호하고 정객들의 방문이 잦았던 사랑채로의 동선을 명확히 구분하기 위함이었다. 그 후 2008년 문화재청의 요청으로 국가 등록문화재 357호 '장면 가옥'으로 지정·매입하면서 복원·수리하여 종로구청 관리하에 두게 되었다.

장면 선생은 이 집에 살면서 동성상업학교 교사·교장(1931~1948), 민주의원에 이어 입법의원(1946), 종로 을구 제헌국회의원(1948), 제3차 유엔총회 한국 수석대표(1948), 교황청 파견 대통령 특사(1948), 초대 주미 특명 전권대사(1949~1951), 제6차 유엔총회 파견 한국 수석대표(1951), 제2대 국무총리(1951~1952), 민주당 창당·최고위원(1955), 제4대 대한민국 부통령(1956~1960), 용산갑구 5대 민의원(1960), 제2공화국 내각책임제 국무총리(1960~1961), 민주당 총재(1960~1961), 5.16 군사쿠데타(1961), 소위 혁명재판에서 법정구속·사형 구형(1962), 옥고와 연금 끝에 이 집에서 선종(1966.6.4.)하기까지, 종교인·교육자·외교관·정치인 등 멸사봉공의 실로

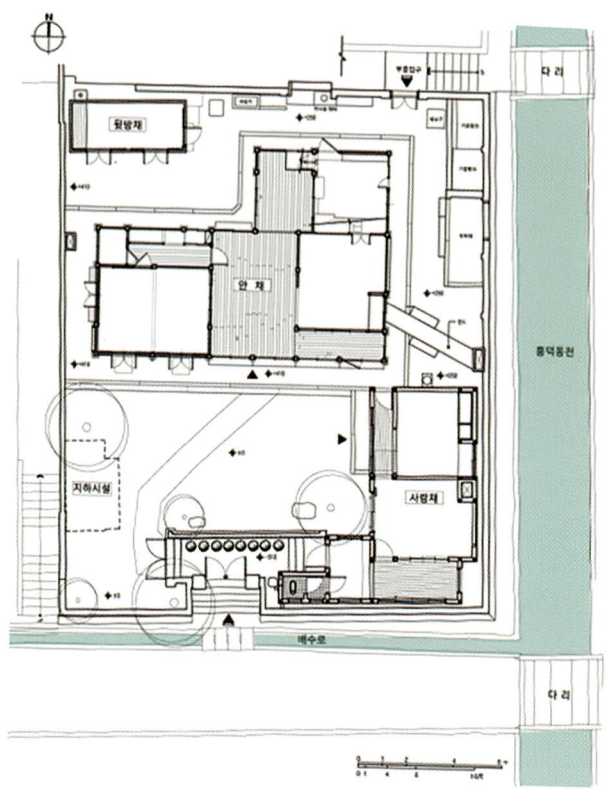

장면 가옥 배치도(1950년대)

파란만장한 인생을 보냈다. 국민장은 6월 12일에 거행되었다.

유달리 금실 좋기로 알려진 장면과 김옥윤 부부 슬하의 자녀들은 대부분 고학으로 공부한 끝에 진은 생물학자, 의숙은 화가·수녀, 건은 건축가, 익은 성직자, 순은 정치학자, 홍은 철학자·금융인, 명자는 대학 사서로 저마다의 길을 성실히 살아갔다.

장익 주교는 4살 때부터 도미할 때(17세)까지 이 가옥에서 살았는데 가구의 배치, 세세한 변형과 공간 활용까지 모두 기억하고 계셨다. 7남매가 한 방에서 기거하였던 건넌방의 가변적인 칸막이(남녀 구분용)와 출입문 높이가 다른 2중 손잡이(장남과 막내의 나이차 14세를 감안함), 손님과 정

장익 주교 첫 영성체 기념사진(1940.3.24.)

객의 출입이 잦았던 사랑채와 안채의 시선 차단 및 합리적 동선 연결 등 상대적으로 작은 대지이지만 합리적인 동선 계획으로 내각제 국무총리의 저택으로 사용될 수 있었다.

이 가옥은 장면이라는 역사적 인물이 생활했던 곳으로써의 가치와 함께 전통 한옥의 특징을 유지하면서도 욕실과 화장실의 내실화, 대청의 거실화 등 1930년대 주택개량운동과 신 주거문화의 흔적이 드러나 있어 근대 주거사 연구의 중요한 실례로서 건축사적 의의를 가지고 있다.

3
장익 주교 재임 기간 건축 성당

죽림동 주교좌성당 중창 및 말딩회관 | 김　원
갈말성당 | 김창수
애막골성당 | 김창수
화천성당 | 김창수
초당성당 | 김영섭
천주교 춘천교구청 | 김창수
간성성당 | 김정신
퇴계성당 | 최익현
신남성당 | 김창수
스무숲성당 | 김창수
강촌성당 | 김창수
솔올성당 | 최익현
소양로성당 | 김정신·장명학
내면성당 | 신근식
솔모루성당 | 김창수
한삶의 집 | 김창수
거두리성당 | 김정신

죽림동 주교좌성당 중창 및 말딩회관

위치	강원도 춘천시 약사고개길 23번지
주보	예수성심
설립년도	1920
건축년도	1953(초창), 1998(중창) / 1997~1999(말딩회관)
층수	지상 2층(성당) / 지하 1층, 지상 6층(말딩회관)
연면적	579.05㎡(성당)
초창설계	'자'씨 성의 화교 기술자
설계	김원

1920년 경성대목구 풍수원본당에서 분리되어 곰실본당으로 설립되었다가 1928년 춘천 약사리로 이전하였다. 본당의 명칭은 춘천 지목구(1939), 춘천 대목구(1955)를 거쳐 1962년 춘천교구 죽림동 주교좌로 변경되었다. 현 죽림동성당은 1949년 착공하여 1953년 완공되었으며, 1998년에 중창되었다.

죽림동성당은 정면 중앙 종탑의 석조 건물로 높이와 폭에 비해 종축의 길이가 매우 긴 건물이다. 폭 11m에 길이가 43m나 되는 세장한 장방형 평면에 5각 앱스apse와 좌우 측면의 제의실, 출입구, 고해실을 비롯하여 종탑 하부에 포치porch를 덧붙여 결코 단순하지 않은 외벽 형태를 이룬다.

긴 장축에 이중 십자double transept의 평면 형식은 영국 고딕의 전통

▶ 중창 후의 죽림동성당(2000년대)

죽림동성당 제단

으로, 아일랜드의 성 골롬반 외방선교회가 택한 건축양식과 연관이 있다. 다만 죽림동성당의 경우는 각 익랑들이 독립된 방으로 차단되어 예배공간이 단순한 장방형 형태를 이룰 뿐, 트란셉트transept의 구성은 내부가 아니라 외부에서 느낄 수 있다.

외벽은 화강석 조적으로, 각 베이bay마다 플랫 버트레스flat buttress가 지지하고 반원형 아치의 창이 하나씩 나 있다. 벽면은 거친면 두모치기의 바른층쌓기로 되어 있고 창대돌, 아치 및 쌤돌, 처마 돌림띠는 화강석 잔다듬의 몰딩이다. 지붕은 급경사의 동판이음이며 건물 규모에 비해 높이가 상대적으로 낮다. 내부 바닥은 마루이나 제단 부분은 인조석 물갈기이다. 벽은 모르타르 위의 수성도장이고, 천장은 배럴 볼트barrel vault이다. 입구 베이의 횡단 갤러리는 성가대석으로 활용하고 있다.

1998년 중창 시 성단sanctuary의 기물 배치는 장 주교의 생각이 적극

죽림동성당 입구

반영되었다. 신자석보다 두 단 높은 성단 내 중앙에 한 단 높은 제단을 배치하였다. 제단 중앙에는 제대를, 제단 앞 좌측에는 독경대, 제단 옆 좌측 벽면에는 주교좌석, 제단 옆 우측 벽면에는 감실이 배치되었다. 제대 뒤 앱스apse 중앙의 한 단 높은 곳에는 주례사제석 및 좌우 복사석, 그리고 그 앞에 주례독서대, 성단 아래 우측에 해설대가 있다. 주교좌성당인 만큼 좌우 벽에 붙인 20개의 사제석이 제단을 향해 놓여 있다. 앱스 좌우 벽에는 3개씩 6개의 촛대가 부착되었고, 제대 위에는 마이크 외에 아무것도 놓지 않았다. 성당 내외부의 기물 및 성상은 모두 가톨릭미술가회의 작가들의 작품으로 채웠으며, 성당 건물은 국가 등록문화재 제54호(2003년 등록)로 등재되었다.

춘천지역의 신앙의 모태가 된 곰실공소 엄주언 마르티노(1873~1955) 회장의 세례명을 딴 말딩회관은 1997년에 착공하여 1999년에 완공되었

죽림동성당 성직자 묘역

다. 가운데 중정을 둔 지하 1층, 시상 6층의 옹벽 구조에 노출콘크리트로 마감하였다. 1, 2, 3층은 임대 공간이며 4층은 교리실, 5, 6층은 사제관이다. 동쪽과 북쪽 두 면이 산에 둘러싸여 있어 채광과 환기를 위해 중정을 두었다.

성당 뒤편에는 순교자 및 성직자 묘역이 조성되어 있다. 세 분의 교구장(구 토마스Thomas F. Quinlan, S.S.C., 박 토마스Thomas Stewart, S.S.C., 장 십자가의 요한)과 전쟁 중에 순교하신 7위를 포함하여 납골하거나 가묘의 형태로 총 23위位를 모시고 있다.

죽림동성당 실내

말딩회관 전경

죽림동 주교좌성당

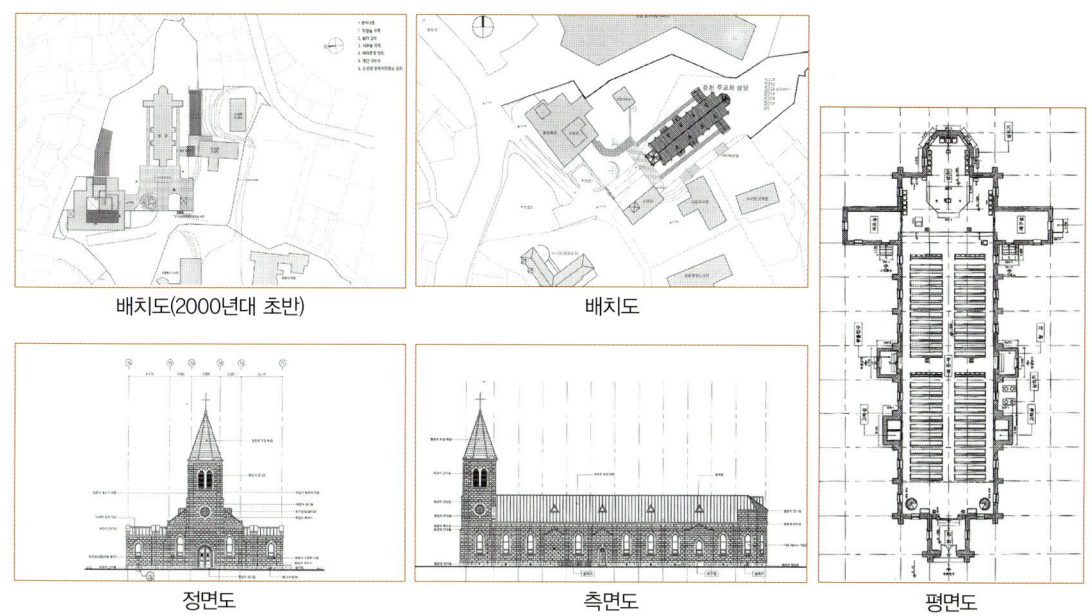

배치도(2000년대 초반) 배치도 평면도

정면도 측면도

말딩회관

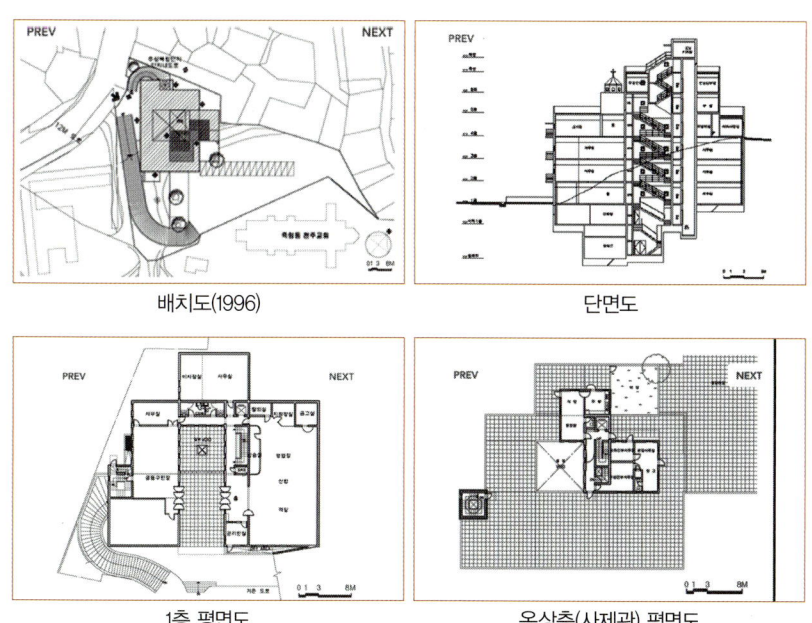

배치도(1996) 단면도

1층 평면도 옥상층(사제관) 평면도

갈말성당

위치	강원도 철원군 갈말읍 명성로 139번길 35
주보	성 조신철 가롤로
설립년도	1994
건축년도	1999(축성)
층수	지하 1층, 지상 2층
연면적	852㎡
설계	김창수

1996년 원주교구 배론성지의 배은하 신부님 소개로 갈말성당 설계를 맡으면서 춘천교구와의 인연이 시작되었다. 설계 초기에 갈말성당을 사목 방문하신 장익 주교님을 만난 것이 춘천교구청을 비롯한 여러 성당을 설계한 계기가 되었다.

성당은 1997년 3월 19일 기공식을 치렀고, IMF사태를 겪으면서 1999년 4월 26일 장익 주교님에 의해 '춘천교구설정 60주년 기념성전'으로 축성되었다.

성당을 처음 방문하였을 때 전임 교구장 박 토마스 주교님 시절에 지어진 사제관 건물이 부지 한가운데에 당당하게 자리하고 있었고, 지포리 공소 시절부터 사용된 낡은 성당 건물이 한쪽 모서리에 초라한 모습으로 서 있었다. 건축 기간에도 기존 건물을 사용해야 했기에 이 건물들을 피해 새로운 성당과 사제관 건물을 배치하였다.

위에서 본 갈말성당

    새로운 성전이 완공된 후 성당 건물은 강당으로, 사제관은 수녀원으로 계속 유지되고 있다.
    성당 건물은 대성당, 소성당, 사무실, 친교실 등으로 구성되었다. 지형을 고려하여 마당 높이의 대성당을 중심으로 소성당과 하부의 친교실 등을 스킵 플로어skip floor 형식으로 반 층씩 엇갈리게 배치하였다.

갈말성당 실내

    타원형의 대성당과 원형인 소성당은 전례공간의 차별성을 드러내기 위해 곡선으로 계획하였으며, 그 밖의 부대공간은 직선 형태다. 곡선의 전례공간은 외관에서도 독립된 2개의 주된 매스를 형성하고 있다.

    대성당은 아늑한 공간 분위기를 조성하기 위해 벽체를 내부로 경사지게 하였으며, 지붕을 벽체 상부에서 이격하여 고창을 만들고 높은 곳에서 빛을 받아들여 실내를 밝게 했다. 제대 상부는 지붕을 한 번 더 들어올려 빛이 유입되도록 하고 높은 공간을 만들었다. 일반적으로 출입문이 위치하는 제대 반대쪽 정면의 중앙을 벽으로 막고, 그 뒷부분 좌우에 출입구를 두어 문이 열리고 닫히는 모습이 제대에서 보이지 않도록 하였

갈말성당 전경

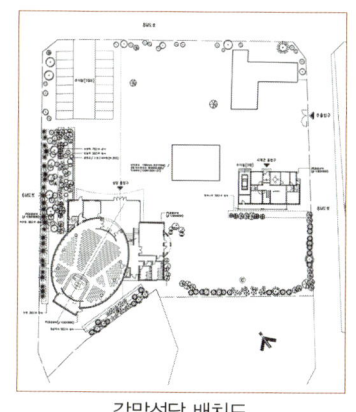

갈말성당 배치도

다. 제단 뒤의 제의실도 출입문을 벽 뒤로 숨겨서 사제와 신자들이 오로지 미사에만 집중할 수 있도록 하였다. 대성당 앞 홀에서 반 층 올라간 소성당은 평일미사를 봉헌하거나 성주간 수난 감실을 안치하는 공간으로 계획하였다.

완공 후 20년 이상 지난 오늘날은 사진에서 보듯이 출입구 전면에 처마와 차고 등이 만들어졌다. 또한 평지붕 부분에 녹색 방수재를 칠하여 건물의 실내외가 전체적으로 푸른 녹색조를 띤다. 원래 모습과 달라져 아쉬울 따름이다.

애막골성당

위치	강원도 춘천시 세실로 100-29
주보	성 정하상 바오로
설립년도	1998
건축년도	2000(축성)
층수	지상 4층
연면적	1,620㎡
설계	김창수

1998년 9월 설립된 애막골성당은 설립 초기부터 성전 건립을 준비하였다. IMF사태의 어려움 속에서도 2000년 3월 공사가 시작되었고, 2000년 12월 8일 '원죄 없이 잉태되신 동정마리아 대축일'에 장익 주교님에 의해 축성되었다.

    춘천 석사동의 아파트 단지 인근 논과 밭으로 사용되던 부정형의 땅을 구입하여 축대를 쌓아 새롭게 부지를 조성하였다. 남쪽의 마당을 중심으로 성당과 사제관을 분리하여 배치하였다. 자연녹지지역의 건폐율 제약으로 각각의 기능을 수직으로 적층하여 배치하였다. 성당 건물 아래층에는 사무실, 회합실 등의 교육관 기능을 두었고 그 위에 성당공간을 올렸다. IMF사태의 여파로 조금이라도 공사비를 줄여 달라는 본당의 요청으로 모든 건물은 사각형으로 구성하였으며, 평면의 모서리에 제단을 설치하고 제대를 둘러싼 형태로 신자석을 배치하였다. 성당공간 상부에

애막골성당 전경

애막골성당 제단

비교적 넓은 발코니석(성가대석)을 만들어 필요한 좌석 수를 확보하였다. 사제관 건물은 성당 마당을 잘 볼 수 있어야 한다는 요청에 따라 입구 정면에 정남향으로 배치하였으며, 지하에 온돌방 성체조배실을 두고 그 위에 2개 층의 사제관 공간을 만들었다.

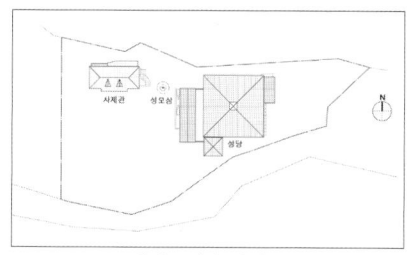

애막골성당 배치도

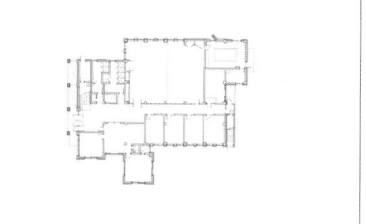

1층 평면도

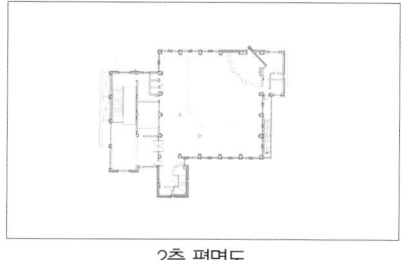

2층 평면도

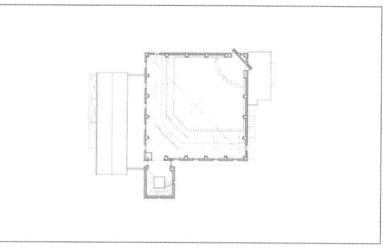

3층 평면도

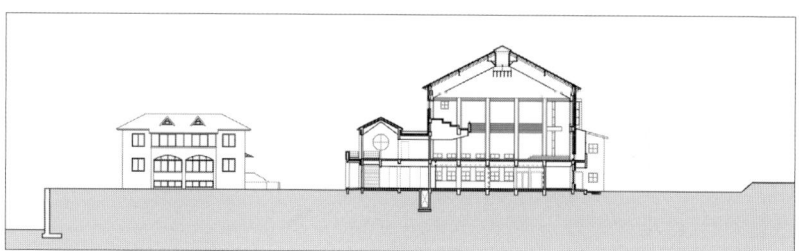

단면도

화천성당

위치	강원도 화천군 화천읍 상승로 113
주보	구세주
설립년도	1965
건축년도	2001(축성)
층수	지상 1층
연면적	352㎡
설계	김창수

화천성당은 100평 남짓 규모에 불과 2억의 공사비로 건축된 작고 소박한 시골 성당이다. IMF사태로 어려움을 겪은 직후인 2000년 7월 공사를 시작하여 이듬해 5월 장익 주교님에 의해서 축성되었다.

성 골롬반외방선교회 신부님들이 지은 성당들이 흔히 그러하듯이, 노후화된 성당 건물은 부지 한가운데에 있었고 건물을 철거한 자리는 마당 겸 주차공간으로 사용하고 있었다. 자연스럽게 새 성당은 부지 뒤쪽의 완만한 경사로를 따라 조금 올라간 위치에 자리 잡게 되었다. 성당의 평면은 입구부터 이어지는 하나의 연속된 곡선에 의해서 내부 공간이 형성되는 지극히 단순한 구조로 구성하였다. 그리고 실내는 원형기둥과 H형 강보 등 철골구조를 그대로 노출시키는 파격을 통해서 공사비 제약을 조금이나마 극복하고자 했다. 입구에서 이 곡선 벽을 따라가면 제단공간으로 자연스럽게 인도된다. 벽체의 높이도 조금씩 상승하다 제대 중앙에서

화천성당 전경

정점을 이루고 입구 쪽으로 다시 낮아지는 형태로 조정하였다. 성당 벽 뒤쪽으로 유아실 겸 교리실, 기계실 등을 배치하여 마당 쪽 전면에서는 성당 매스만 보이도록 하였다.

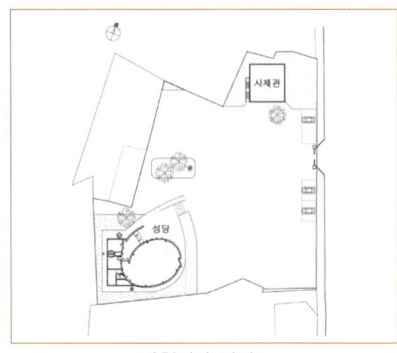
화천성당 배치도

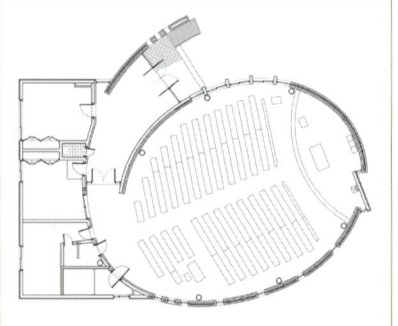
평면도

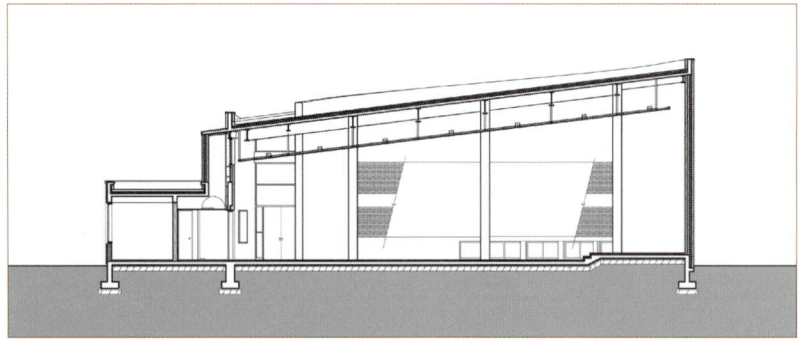
단면도

화천성당 실내 후면

화천성당 실내

화천성당 측면

1층 홀에서 본 출입문

초당성당

위치	강원도 강릉시 연당길 49
주보	성 요셉
설립년도	1996
건축년도	2002(축성)
층수	지하 1층, 지상 1층
설계	김영섭

초당두부로 그 지명이 널리 알려진 강릉시 초당동은 예로부터 초당아씨 허난설헌이 시집와서 살던 곳으로 애틋한 사연이 전해 내려오는 오래된 동리이다. 지금의 주변 풍광은 우리나라 어느 곳 어느 땅이나 다 그렇듯이 입지심의와 경관심의, 그리고 색채심의까지 버젓이 통과한 아파트군이 주변 경관을 무시하고, 요란한 무지개 색채로 고요한 초당마을의 초입을 현란하게 장식하고 있는 실정이다. 그래도 몇 군데 자투리땅이 남아 풍치지구라는 형벌을 감내하고 있는 것이 오히려 다행이라고 할까. 틀 좋은 해송 몇 그루가 주위의 요란함에 아랑곳하지 않고 의연하게 서 있는 모습이 보인다.

초당성당은 대지 내의 표고차가 7m 정도 되는 물고기 형상의 경사지에 조성되었다. 진입은 북쪽 교차로의 낮은 지점과 남쪽 높은 지점의 부출입구 양방향에서 가능하도록 대지 내의 연결통로를 설정하였다. 건물 내부에서도 표고별 연계가 가능토록 계획되었다. 한 방울의 보혈precious

초당성당 전경

blood이 세상을 구원한다는 의미를 담은 성당 평면을 보면, 마치 회전하는 원형의 원심력을 받은 것처럼 사무동과 회합실이 대지의 남북 방향으로 분산하여 위치해 있다. 주출입구에서 보면 사무실은 X자 기둥에 의하여 허공에 들려 있다.

다섯 개의 빵을 상징하는 외부 계단을 오르면 약간 북쪽으로 경사진

초당성당 북동측 전경

잔디광장에 다다른다. 원호圓弧를 따라 두 개의 원이 교차하는 지점에 출입구가 있으며, 성당으로는 한 층 위로 램프와 계단 통로를 선택하여 들어갈 수 있다. 성당 하부는 교리실과 다목적 집회실, 상담실 등이 있으며 동쪽의 선 큰 계단을 이용하여 출입할 수 있다. 신체장애자나 장례미사를 위한 차량 출입은 단 차이가 없는 출구를 이용한다. 남쪽 마당에는 강릉시의 보호수인 몇 그루의 키 큰 해송이 그늘을 만들어 주고 있다.

  도시계획으로 대지의 태반이 잘려 나가 부득이하게 사제관과 수녀원

초당성당 실내

은 동북쪽 언덕 기슭의 소나무 숲에 자리를 잡았다. 성당과 그 밖의 부속시설은 서쪽에 남은 꼬리 잘린 물고기 형상의 땅에 빵과 그 부스러기의 모양새로 들어앉았다. 나는 해송 숲을 껴안는 숙제를 풀 수 있는 이 시대의 뛰어난 건축가 이종호 씨가 지도하는 서울건축학교 설계스튜디오에 사제관과 수녀원 설계라는 쓴 잔을 넘겼고, 그는 훌륭한 건축물로 그 잔을 채워 놓았다.

초당성당 경사통로

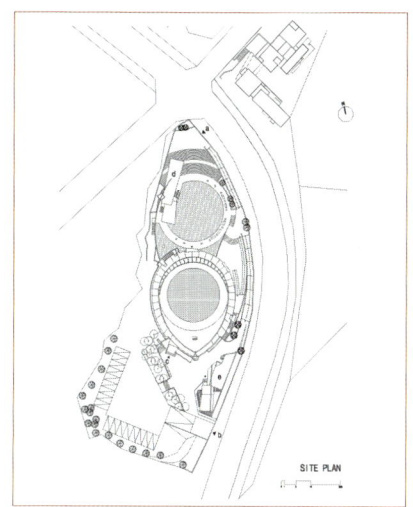

초당성당 배치도

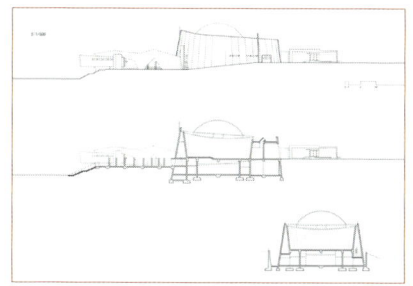

평면도

입단면

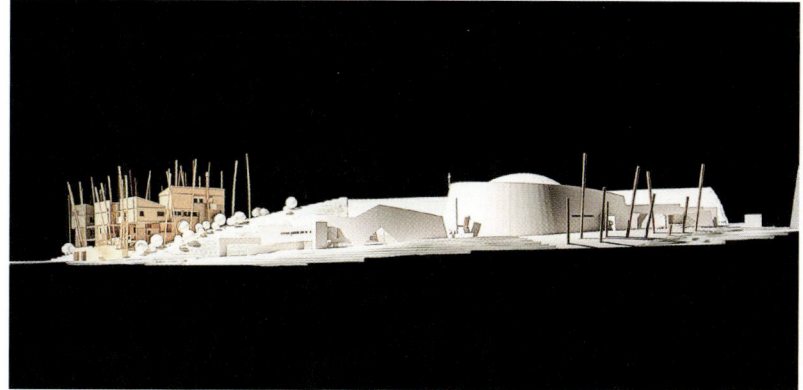

초당성당 모델링

천주교 춘천교구청

위치	강원도 춘천시 공지로 300
건축년도	2004(축성)
층수	지하 1층, 지상 4층
연면적	2,840㎡
설계	김창수

1997년 11월 비가 내리던 어느 날, 옛 춘천교구청(현 주교관)을 방문하여 처음으로 교구청 설계에 관한 이야기를 들었다. 당시 교구장이셨던 장익 주교님은 그날 함께 교구청 부지를 돌아보며 기본적인 구상을 이야기하셨고, '찬찬히' 준비해서 가급적 작고 소박한 건물을 짓고 싶다는 당부도 잊지 않으셨다. 설계가 틀을 갖추어 나가기 시작할 때쯤 예상치 못한 IMF사태로 기약 없이 설계 진행이 중단되었다. 2002년에야 다시 재개되어 그해 11월에 기공식을 치른 후 공사를 시작하였고, 2004년 3월 19일 성요셉 대축일에 축성식을 거행하였다.

'양떼가 뛰어놀았던 곳'이란 추억을 간직한 양지바른 마당을 에워싸고 춘천교구청이 건축되었다. 옛날 출입구가 있었던 부분을 건물로 막지 않고 유리벽으로 처리하여 그 흔적을 남겼으며, 큰길에서도 마당이 들여다 보이게 하였다. 주교관까지 이르는 옛날 진입로도 그대로 살리고, 성모상이 놓여 있던 느티나무 아래 같은 위치에 최종태 선생이 조각한 새로운 성모상을 모심으로써 이전의 모습을 가급적 남겨 두고자 하였다.

춘천교구청 전경

건물을 도로변에 나란하게 배치하여 부지의 중앙을 비우고, 길거리의 번잡함을 피할 수 있는 마당을 형성하여 아늑한 분위기를 만들었다. 건물 내부도 도로 쪽에 복도를 두어 복도가 도로의 소음과 서향 볕을 막아 주는 완충공간이 되도록 하였다.

마당과 건물 사이에는 회랑을 둠으로써 전이공간을 만들고, 햇볕과 눈비로부터 사무공간을 보호하는 처마역할을 하도록 구성하였다.

도로에 면한 1층에는 외부에서 직접 출입할 수 있는 상담실, 만남의

춘천교구청 중정 쪽 회랑

방을 배치하여 외부인들도 쉽게 이용할 수 있도록 하였다. 사무공간은 1층과 2층에 마당을 에워싸도록 배치하여 쾌적한 환경으로 만들었다. 각 사무공간에서 공유할 수 있는 탕비실 등은 한곳에 모아 공동으로 사용하게 함으로써 공간의 효율성을 높이고자 하였다. 3층의 사제관은 모두 남향으로 배치하여 교구청 너머 구 교육원 마당의 마로니에 나무들까지도 내려다볼 수 있으며, 훗날 필요에 따라 사무실 용도로 바꾸어 활용할 수 있게 하였다.

경당은 가장 중심이 되는 높은 위치에 배치하였다. 이를 통해 중심공간이라는 의미를 살리고 직선 형태의 다른 사무공간들과는 구별되는 둥근 형태를 취하여 기도하는 공간의 차별성을 드러내고자 하였다. 경당 지붕 위에는 '닭' 조형물을 설치하여 이곳이 춘천교구 지역에 복음의 기쁜 소식을 전하고 새벽을 깨우는 요람임을 나타내고자 했다. 오랜 시간

사무실 복도

성모상 축성

여러 미술가들의 헌신적인 노력과 협력으로 이루어진 교구청 내외부의 많은 미술품들이 공간을 아름답게 장식하고 있다.

경당

건물 중앙의 가장 높은 곳에 위치한 이 경당은 교구청에 근무하는 신부님들과 직원들의 전례와 기도를 위한 작은 공간으로, 원형의 공간 위에 원추형 천장을 합친 간결한 형태다. 바닥, 벽, 천장 모두 목재로 마감하여 따스하고 편안한 느낌을 주고자 하였다. 제대, 독경대 또한 나무(주목)로 제작되어 통일감을 준다. 초기 설계 단계에서부터 건축가와 미술가가 협력하며 작업을 진행하여 조화로운 공간을 만들어냈다. 경당 전면 중앙에 제대를 배치한 것과 장익 주교님의 제안대로 독경대가 제대와 마주 보도록 반대쪽에 배치한 점이 특이하다. 제대의 뒷부분 중앙에 십자고상을 설치하고 좌우측에 감실과 성모자화를 배치하여 균형을 잡았으며, 하부 창의 유리화와도 조화를 이루도록 하였다.

십자고상
최종태(요셉) 作

제대, 독서대
마리테레시타 수녀 作

감실, 성모자 그림
김형주(이멜다) 作

유리화
김기라(안나) 作

경당 제단

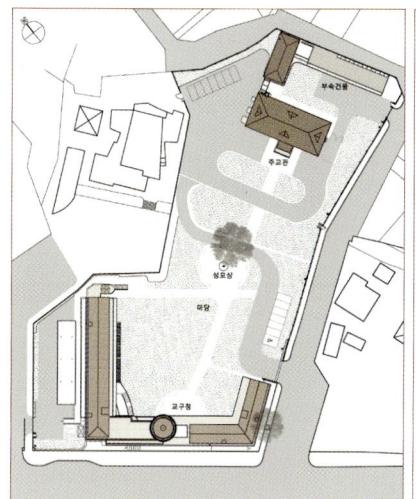
춘천교구청 배치도

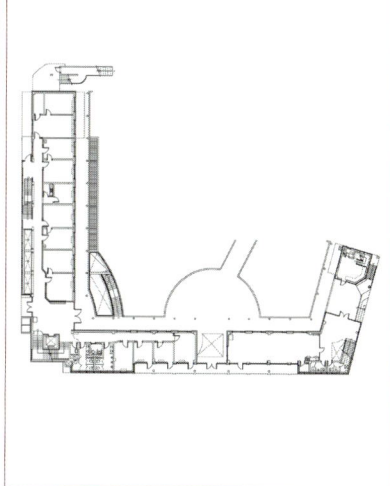
1층 평면도

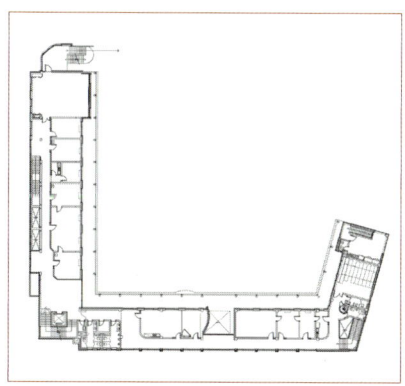
2층 평면도

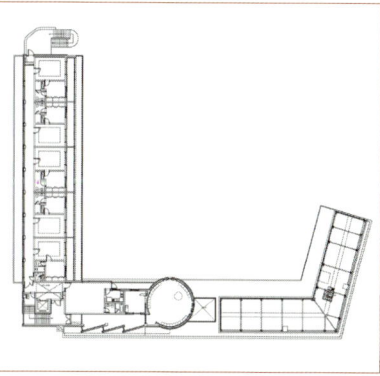
3층 평면도

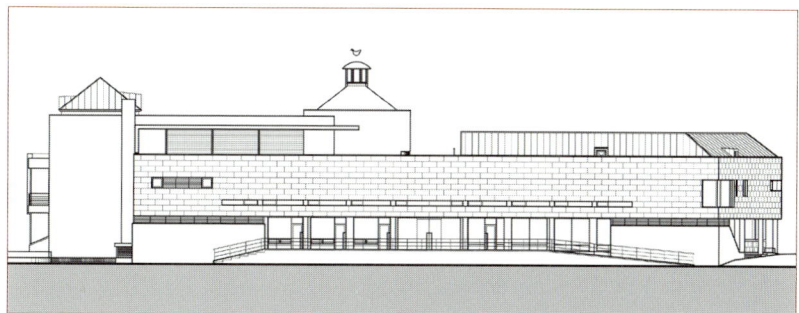
입면도

간성성당

위치	강원도 고성군 간성읍 간성로 71-6
주보	성녀 안나
설립년도	1958
건축년도	2005(축성)
층수	지상 2층
연면적	1,123.97㎡
설계	김정신

간성성당의 대지는 간성읍사무소가 인접한 읍내 중심의 낮은 언덕 정상부에 위치하여 그 주변에서부터 우월하게 서 있는 모습을 볼 수 있다. 조망은 사방이 탁 트여 있다. 서쪽으로는 멀리 금강산과 무산, 향로봉을 연결하는 태백산맥의 분수령이 험준한 산악을 이루고, 동쪽으로는 아담한 간성 읍내와 동해 바다의 수평선이 가까이 보인다.

좋은 입지와 1,600여 평이라는 넓은 면적에 비해 대지의 형태는 10개의 필지로 나누어진 비정형적인 모습이고, 성당이 마당 한가운데 자리해서 합리적인 토지 이용이 어려웠다. 새 성전을 건축하는 동안 화재로 반소된 기존 성당을 계속 사용해야 했고, 넓은 마당을 확보하고 싶다는 현실적인 요구를 수용하여 새로운 성당과 사제관, 수녀원은 가능한 인접 대지 경계에 붙여서 배열하였다.

성당 1층은 교육·친교 공간 및 수녀원으로, 2층은 대성당 전례공간으

간성성당 전경

로 구성하였다. 사제관은 버려둔 북측 경사지를 활용하여 3층의 별동으로 계획하였다. 성당의 정방형 평면에는 대각선을 중심축으로 하여 입구 세례대, 중앙 통로, 제대, 십자고상을, 좌우 주변에는 신자석을 부채꼴로 배치함으로써 제대를 둘러싼, 즉 제대를 중심으로 한 내부 공간으로 구성하였다. 이는 시청각적으로 신자들의 적극적이고 능동적인 전례 참여를 고무하는 제2차 바티칸공의회의 전례정신을 구현한 셈이다. 안정적이고 완전한 형태를 위해 지붕 형태는 4각 피라미드형의 모임경사지붕으로 만들고 중앙에 천창을 두어 구심성을 도모함과 동시에 사방이 정면성을 갖도록 하였다.

대성당은 건물 내부의 계단을 통해 접근할 수도 있고, 경사로를 통해 바로 접근할 수도 있다. 다소 과도하게 느껴지는 경사로는 단순한 접근

간성성당 남측 전경

통로만이 아니라 여러 기능을 갖고 있다. 마당에서 거룩한 성전으로 들어가는 준비 과정의 공간이기도 하고, 기도와 사색의 공간이기도 하다. 꺾여 돌아가는 경사로를 오르면서 경험하는 조망의 다양한 변화를 통해 주변 자연과 이웃이 새로운 모습으로 다가올 것이다.

    사제관·수녀원의 남향 확보와 진출입 시의 경관과 동선을 고려하여 사제관 앞과 성당 및 경사로에 진입마당을, 기존 성당 자리에 만남의 광장을 배치하였다. 그리고 종탑과 불탄 성당의 전면 벽을 상징문으로 보존함으로써 과거와의 맥락을 잇게 하였으며 -성당 내부의 중심축과 일치할 뿐만 아니라 성당 출입 시에 항상 보게 된다-, 입구의 유보공간(현 사제관)은 앞으로의 기능에 유동적으로 대응할 수 있도록 그 여지를 남겨 놓았다.

간성성당 실내

감실을 잘못 옮긴 현재 모습

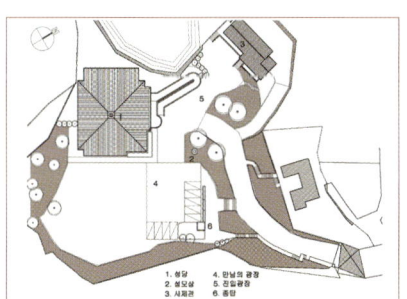

간성성당 배치도

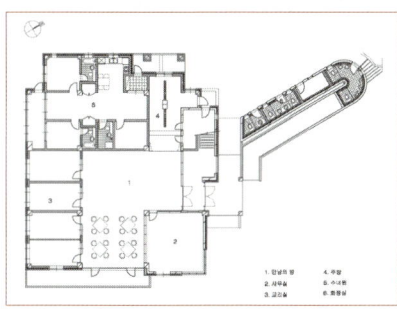

1층 평면도

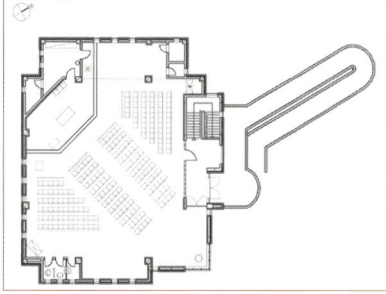

2층 평면도

퇴계성당

위치	강원도 춘천시 충혼길 18번길 14
주보	성 유대철 베드로
설립년도	1998
건축년도	2006(축성)
층수	지하 1층, 지상 4층
설계	최익현

퇴계성당에는 반쪽 십자가가 있다. 이는 1998년 9월부터 성 유대철 베드로를 주보 성인으로 모시고 있는 것과 연관이 있다. 유대철 베드로는 우리나라 103위 성인 중 한 분으로, 1839년 13세라는 어린 나이에 순교하신 성인이다.

    성인의 집안을 보면, 부친 유진길 아우구스티노는 독실한 믿음으로 순교하였으나 어머니와 누이는 신앙을 거부했다. 반쪽 십자가는 유 베드로의 미완의 어린 나이와 부자, 모녀로 갈린 가정 신앙의 모습이 동기가 되어 탄생하였다. 퇴계성당의 모태 또한 두 공동체였다. 두 공동체가 합쳐 하나로 묶이려면 전에 속했던 공동체의 몫을 포기하고 서로를 껴안아야 하는 아픔이 따를 것이다. 그런 의미에서 반쪽 십자가는 우리 공동체의 상징이기도 하다. 우리 주위를 둘러보면 남과 북이 갈린 모습이라든지, 아직 갈등 속에 있어 화합해야 할 이웃이 참 많이 있다.

퇴계성당 전경

　남서-북동축의 긴 대지에는 성모상과 마당, 8각형 평면의 성당과 교육관 및 사제관이 나란히 배치되어 있다. 공간의 극적인 배치나 형태의 다양성보다는 다소 진부할 정도로 평면계획이 단순하지만 용도와 기능이 명확하다.

퇴계성당 제대

퇴계성당 실내

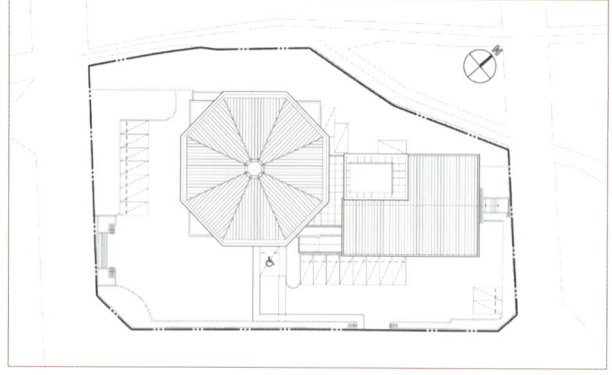

퇴계성당 배치도

위에서 본 퇴계성당

신남성당

위치	강원도 인제군 남면 신남로 30번길 6-11
주보	삼위일체
설립년도	1994
건축년도	2006(축성)
층수	지상 1층(성당), 지상 2층(사무실/사제관)
연면적	322㎡(성당), 183㎡(사무실/사제관), 119㎡(회합실)
설계	김창수

"신남에 보석 같은 작은 성당이 지어진다"고 하신 장익 주교님 말씀처럼 신남성당은 마을 전체가 내려다보이는 신남의 언덕 위에 작은 새가 내려앉은 듯 자리 잡았다. 신남성당은 본당의 얼마 되지 않는 어르신들과 인근 부대에서 종교행사차 방문하는 많은 젊은 군인들을 위한 시골 성당이다. 본당 신자들은 물론 성당을 찾는 군인들을 위해 현대적이고 젊은 느낌의 성당을 만들어 이들이 제대한 후에도 좋은 추억을 갖고 신앙생활을 할 수 있기를 기대하였다.

2006년 2월, 아직 눈이 녹지 않은 이른 봄날 부지를 처음 방문하였다. 당시 부지에는 그 유명한 '죽음의 행진'에서 돌아오신 호주 출신 조선희 필립보Philip Crosbie 신부님께서 아일랜드 독지가의 도움으로 건축하셨다는 낡은 성당 건물과 신자들이 힘을 모아 주변 물가에서 주워 온 강돌로 나름 튼튼하게 지은 돌집이 자리하고 있었다. 건축하신 신부님의

신남성당 전경

　노고를 생각하면 마음이 편치 않았지만, 성당 건물이 너무 낡아서 부득이하게 철거하였다. 2006년 6월 공사를 시작하여 그해 11월 25일 장익 주교님의 주례로 새 성전을 봉헌하였다. 여느 시골 성당과 마찬가지로 본당의 예산을 넘어선 공사비로 건축이 좌절될 뻔한 위기도 있었지만, 주임 신부님의 결단과 헌신으로 무사히 완공되는 기쁨을 누릴 수 있었다.
　부지 아래쪽 기존 성당을 헐은 자리에는 벽돌 외장의 2층 건물을 새

신남성당 마당

로 지었다. 아래층은 본당 사무실로 사용하고 2층은 사제관으로 만들어 성당으로 출입하는 윗마당에서 직접 진입이 가능하도록 하였다. 아래 마당에서 널찍한 계단을 따라 오르면 새로 지은 성당과 사제관 사이에 있는 몇 그루의 소나무와 햇살 가득한 윗마당이 방문객을 맞는다.

　성당 건물은 바닥을 제외하고는 콘크리트를 일체 사용하지 않았고, 벽과 지붕을 철골조로 하고 경량패널로 마감하여 가벼운 느낌을 주었다.

신남성당 제단

신남성당 측면

외장은 벽과 지붕 구별 없이 온통 회색빛 징크로 마감하였으며, 오직 탑 위 십자가에 끼워진 블록유리만이 따스한 색채를 뿜어낸다. 마당 쪽 벽체 일부에는 신부님 지인이 운영하는 석재공장에서 한 트럭 얻어 온 자투리 돌 조각을 쌓아 질감의 변화를 도모하고 단조로움을 피하고자 하였다. 주로 할머니 몇 분만 참석하신다는 추운 겨울날 평일미사 때 난방 문제 등을 고려하여 성당 뒤쪽에 앉은 채로 미사드릴 수 있는 따뜻한 온

소성당에서 본 제단

소성당

돌방 소성당 겸 유아실을 계획하였다. 내부의 벽과 천장은 수평 없이 모두 기울어져 마치 천막 속에 들어온 듯한 느낌을 주기 위해 한 가지 무늬목 패널로만 마감하였다. 서쪽 벽체에는 깊이감을 느낄 수 있는 조그마한 창들을 설치하고 블록유리를 끼워 변화를 주었다. 엇갈린 지붕들 사이로 채광창을 설치하여 천장과 벽면을 타면서 빛이 흘러내리고, 여러 창으로 스며드는 빛이 시시각각 변하며 내부 공간을 생명감으로 가득 채워 주기를 기대하였다. 재료의 가벼운 느낌과 더불어 천막 같은 공간은 '지상의 나그네'라 불리는 성교회를 상징한다. 또한 우리들의 삶이 단지 하룻밤 천막에서 머무르는 나그네에 불과함을 암시한다.

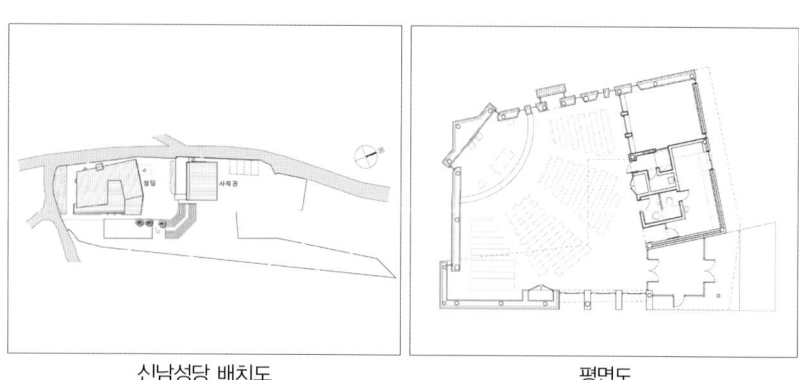

신남성당 배치도

평면도

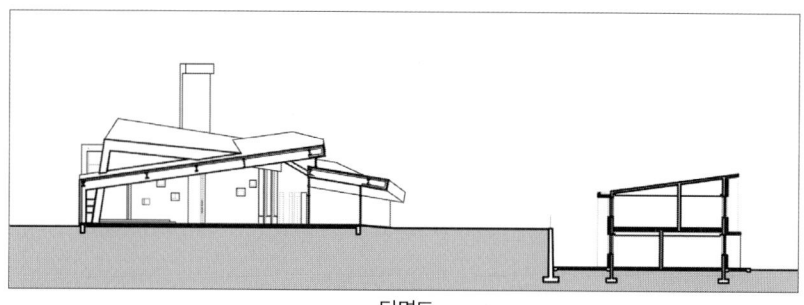

단면도

스무숲성당

위치	강원도 춘천시 안마산로 290-7
주보	아씨시의 성 프란치스코
설립년도	2002
건축년도	2007(축성)
층수	지하 1층, 지상 2층
연면적	2,798㎡
설계	김창수

'스무숲'이라는 지명은 오래전 이곳에 지독한 가시가 있어 한 번 찔리면 스무날을 앓아야 낫는다는 스무나무가 숲을 이룰 정도로 많아 '스무숲'이라 일컬어 왔던 것에서 유래되었다고 한다. 스무숲본당은 2002년 9월 설립되었고, 2003년에 먼저 교육관을 건축하여 지하 강당을 임시 성당으로 사용하면서 본격적으로 성전 건립을 준비하였다. 2006년 2월 26일 성당, 사제관의 기공식을 치르고 공사에 착수하여 같은 해 12월 완공하였다. 2007년 3월 1일 마침내 장익 주교님의 주례로 봉헌식을 올리고 긴 건축 여정을 마무리하였다.

도로를 등지고 성당을 배치하여 안마당을 통해서 성당을 출입할 때마다 –주변의 아파트를 보지 않고– 안마산을 바라볼 수 있도록 하였다. 햇살 가득한 이 안마당 둘레로 성당, 교육관, 본당 사제관, 교구 공동사제관(고 최익현 대건안드레아 PCK 소장 설계)이 배치되어 아늑한 마당공간을

스무숲성당 전경

스무숲성당 제단

이룬다. 본당의 주보인 아씨시의 성 프란치스코 성인이 자연과 함께하는 모습과 가난함을 생각하여 가급적 장식 없는 순수하고 소박한 공간을 만들어 성인의 정신을 닮고자 하였다. 성당은 마당에서 직접 출입할 수 있도록 하여 땅과 성당이 분리되지 않고 땅에 밀착되어 뿌리를 내린다는 느낌을 주고자 하였다. 대신 도로와 마당의 지형 차를 이용하여 성당 하부에 필요한 회합실, 소성당 등을 배치하였다. 성당에서는 무엇보다도 "신자들의 적극적 전례 참여"라는 제2차 바티칸공의회 정신을 구현하고자 신자들의 좌석을 제대를 중심으로 타원형으로 배치하여 가급적 많은 신자들이 제대 가까이에서 전례에 참여할 수 있도록 하였다. 성당의 지붕은 독일에서 수입한 구조용 집성목을 이용하여 돔형으로 지었으며, 이

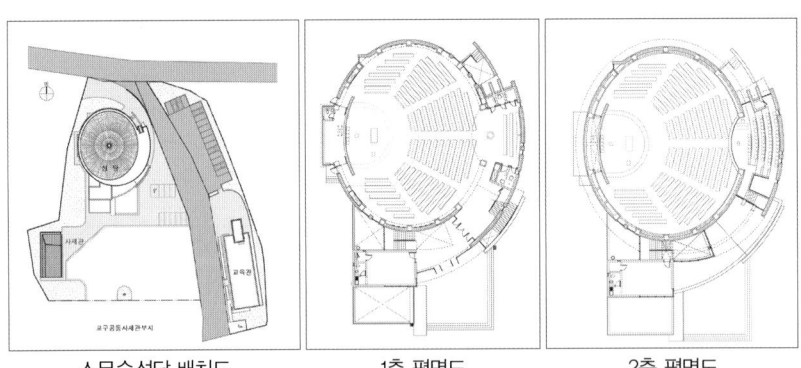

스무숲성당 배치도   1층 평면도   2층 평면도

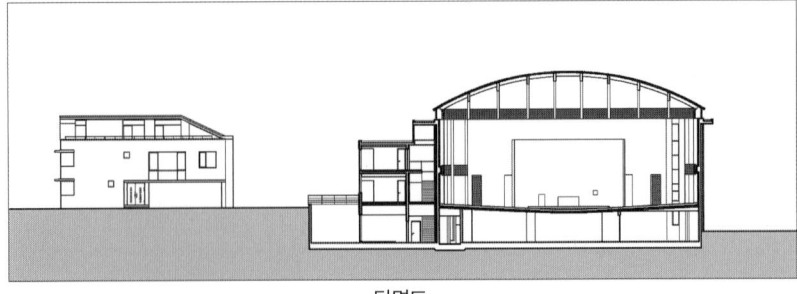

단면도

는 영원과 우주를 상징한다. 실내에 별도의 천장마감을 하지 않고 목구조를 그대로 노출하여 자연스럽고 소박한 느낌을 살리고자 하였다.

스무숲성당 실내

스무숲성당 출입문

스무숲성당 1층 로비

뒤편에서 본 스무숲성당

스무숲성당 교육관

강촌성당

위치	강원도 춘천시 남산면 한치로 28
주보	평화의 모후
설립년도	1997
건축년도	2008(축성)
층수	지상 2층
연면적	1,029㎡
설계	김창수

1962년 미군 참전용사들의 도움으로 건축된 강촌공소는 1997년 교구장 장익 주교님에 의해 강촌본당으로 승격되었다. 이후 2005년 7월 갑작스런 돌풍으로 주변 산의 나무들이 다 쓰러지고 남산면 일대와 성당 건물이 큰 피해를 입었다. 이를 계기로 새 성전 건립이 추진되어 2008년 12월 14일 장익 주교님의 주례로 성전을 봉헌하였다.

공사 기간에도 구 성전을 계속 사용해야 했기에 주차장과 마당으로 활용되던 부지의 서남측 부분에 새 성전 건물이 들어섰다. 공사 완료 후 기존 건물들을 철거한 자리를 마당과 주차장으로 사용하면서 건물과 마당의 위치가 서로 뒤바뀌었다. 외형은 우측의 성당과 좌측의 교육관, 사제관을 길다란 경사지붕으로 엮어서 공간적으로는 분리하면서도 전체가 하나의 건물로 보이도록 하였다. 지붕의 선들은 부지 뒤쪽에 보이는 산 등성이의 실루엣과 비슷하게 흘러가서 대지와 자연스럽게 조화를 이루도

강촌성당 북동측 전경

강촌성당 북서측 전경

록 구성하였다. 지붕 가운데 솟아오른 탑 위에 새로운 십자가를 설치하고, 구 성당 종탑에 있던 종을 옮겨 와 설치하여 성당의 역사가 단절되지 않고 이어지고 있음을 나타내고자 하였다. 또 탑의 외장에서도 소용돌이 바람에 의해 새 성당이 시작되었음을 알리고자 하였다. 특히 성당 입구의 곡선 벽에는 공사 기간 신자들이 인근 강에서 주워 온 크고 작은 돌들을 안팎에 쌓아 강촌성당 고유의 장소적 특성을 나타냈다. 이를 통해 성당(교회)은 다양한 신자들이 모이고 힘을 합쳐서 만들어 나가는 하느님 백성들의 공동체임을 표현하고자 하였다. 건물 좌측 1층은 사무실, 교리실로 이루어졌으며, 옥외에서 별도 계단을 통하여 출입하는 2층에 사제관을 두었다.

강촌성당 실내

위에서 본 강촌성당

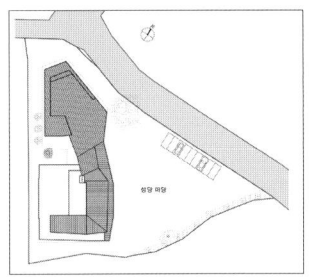
강촌성당 배치도

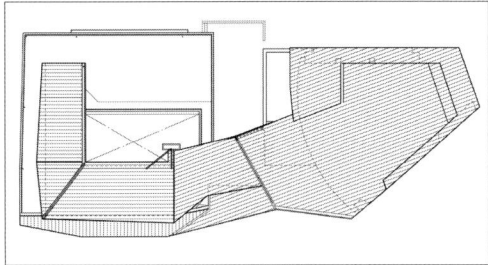
지붕 평면도

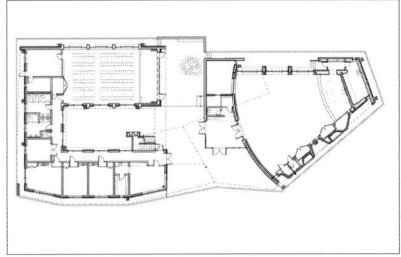
1층 평면도

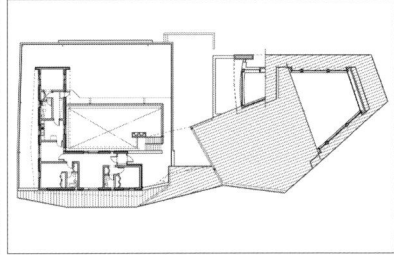
2층 평면도

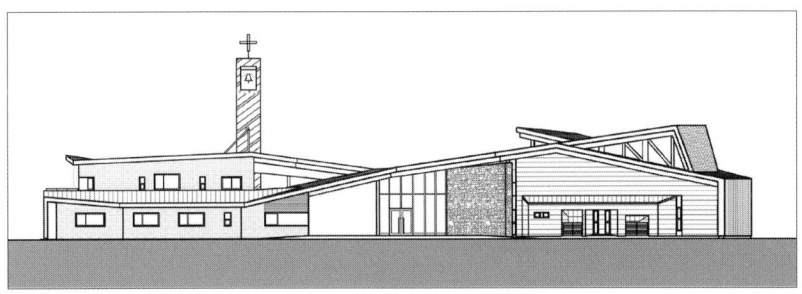
입면도

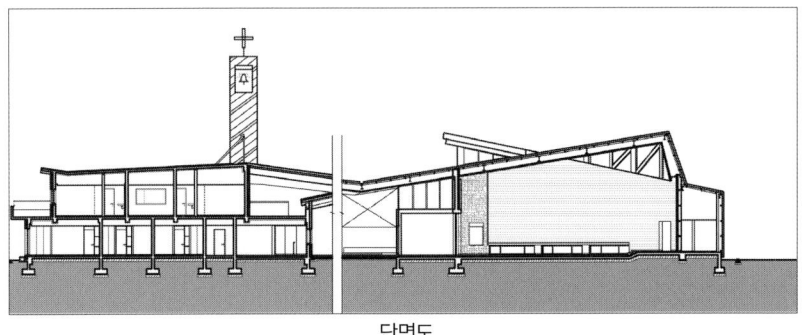
단면도

솔올성당

위치	강원도 강릉시 광장로 171-23
주보	성 요한 마리아 비안네
설립년도	2004
건축년도	2008
층수	지하 1층, 지상 2층
구조	철근콘크리트조
연면적	2,345㎡
설계	최익현

강릉 솔올성당은 교동택지개발지구 한가운데 7,429㎡ 부지에 지하 1층, 지상 2층(연면적 2,345㎡) 규모로 들어섰다. '솔올'은 예로부터 '솔이 우거진 고을'이라는 뜻이다. 강릉시 교동 일대에 고밀도 주거지역이 형성되어 임당동, 옥천동, 초당본당에서 분가한 많은 신자들을 사목하기 위하여 2004년 2월 12일 임당동에서 분리, 본당으로 신설되었다.

건축적으로는 현대 건축양식에 한국 전통가옥 처마와 곡선을 살리는 등 전통 양식을 가미했다. 특히 내부 제단 천장과 외벽 정면, 현관문 등 3군데에 성체와 태극선 형태의 둥근 창을 배치했다. 둥근 창을 통과해 실내 깊숙이 도달하는 햇빛은 한층 밝고 경건한 전례공간을 연출한다. 단순미가 돋보이는 외형은 주변 송림松林과 조화를 잘 이룬다.

성당 내부는 최봉자(영원한 도움의 성모수도회) 수녀, 김겸순(노틀담수녀회)

솔올성당 서측 전경

수녀, 화가 김형주 씨 등 가톨릭 미술가들이 정성껏 꾸몄다. 성당 내 성물은 모두 격조 높은 미술품이다.

성당건축을 담당했던 김학배 신부는 "현대와 전통 양식을 충분히 조화시키지는 못했지만, 아름다운 현대식 성당을 후대에 물려주겠다는 마음으로 신자들이 4년 동안 고생해서 지었다"며 신자들 노고에 감사했다.

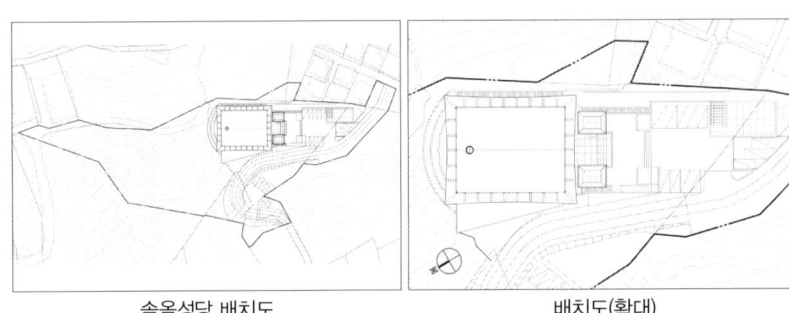

솔올성당 배치도   배치도(확대)

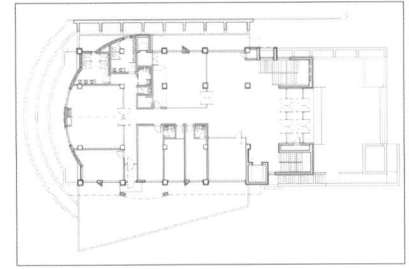

지상 1층 평면도

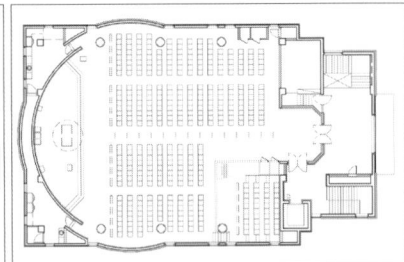

지상 2층 평면도

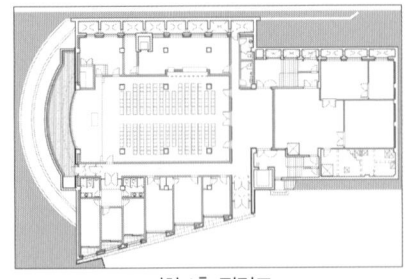

지하 1층 평면도

솔올성당 측면

솔올성당 실내

소양로성당(국가 등록문화재 161호)

위치	강원도 춘천시 모수물길 22번길 26
주보	성 파트리치오
설립년도	1950
건축년도	1956(초창), 2008(중창)
층수	지상 1층
구조	시멘트벽돌 조적조+목조 트러스 지붕골조
연면적	357.6㎡
초창설계	제임스 버클리(James Buckley) 신부
설계	김정신·장명학

소양로성당은 한국전쟁 후 전쟁의 피해가 많았던 골롬반회의 사목지역에서 특별한 사연-골롬반회와 한국전쟁, 민족 분단의 아픔을 기억하는-으로 지은 기념 성당이자 한국 최초의 근대주의(모더니즘, modernism) 양식의 성당이다. 로마의 한 원형 성당을 보고 크게 감명받은 버클리 신부가 서양의 초기 그리스도교시대의 성묘聖墓를 참조하면서 바로 뒤에 언덕이 있는 좁은 대지 조건을 고려하여 설계하였다. 공사감독은 당시 골롬반회의 건축을 전담하다시피 한 중국인 가賈씨가 맡았다고 전해진다.

파리외방전교회(1836년 입국), 성 베네딕도수도회(1909년 입국), 메리놀 외방전교회(1923년 입국)에 이어 1933년 네 번째로 한국에 진출한 성 골롬반회는 극동지역 전교를 목적으로 1918년 아일랜드에서 창설되었으며, 전

소양로성당 측면

소양로성당 정문

One view of the exterior of Fr Buckley's semi-circular church . . .

『The Far East』에 난 소양로성당 관련 기사

라남도와 제주도 및 강원도를 사목하였다.

이들 성 골롬반 외방선교회 신부들은 한국에서의 선교활동에 많은 시련을 겪었다. 2차 대전 중에는 적성국이라는 이유로 일제의 혹독한 탄압을 받았으며, 한국전쟁 중에는 공산당에 체포되어 학살당하기까지 하였다. 골롬반회 신부들은 매우 검소한 생활을 하였으며, 영국 고딕양식의 특징인 낮고 긴 신랑nave과 2중 라틴십자가형의 평면구성을 선호하였다.

한국전쟁 당시 소양로본당 초대주임이었던 콜리어Collier, 앤서니Anthony 신부는 피신하라는 교구장의 권유에도 불구하고 남아서 신자와 부상자들을 돌보다가 전쟁 발발 이틀 만인 1950년 6월 27일 인민군의 손에 끌려가 37세의 나이에 사살되었다. 골롬반회 선교사로서는 한국전쟁의 첫 희생자가 되었다.

소양로성당 제단

　성당의 평면은 반원형이다. 중앙 제단을 중심으로 300석의 신자석을 부채꼴로 배열하고 원주면 중앙에 출입구 현관과 고백소, 좌우 끝단에 제의실과 유아실을 덧붙인 형태이다. 구조는 시멘트벽돌 조적 벽체가 목조 지붕틀을 지지하고 있는데, 지붕틀은 지름의 중심을 최고점으로 하여 트러스가 방사상 부채꼴로 배열되어 있다. 아치창, 버팀벽 등은 교회건축에서 흔히 사용되는 고전적 기법이나 일체의 장식을 배제한 단순한 형태이다. 밝고 기능적인 내부 공간은 근대적인 건축 개념이다.
　부채꼴 좌석 배열은 모든 신자들이 제대와 보다 더 가깝고 시·청각적으로 긴밀한 관계를 갖게 함으로써 예배에 능동적이고 적극적인 참여를 유도한다. 이는 20세기 초 독일과 벨기에서 전개된 '전례운동'과 '근대건축운동'의 영향을 받은 현대 성당건축의 한 유형이다. 이 유형은 가

소양로성당 실내

    톨릭교회의 쇄신과 현대에의 적응을 위해 소집된 제2차 바티칸공의회(1962~1965) 이후에 공식화되고 보편화되었다. 소양로성당은 그보다 앞서 이 유형을 구상하여 건립한 것에 교회사 및 건축사적 의미가 있다.

    원형평면 형태의 성당은 그 상징성 때문에 비잔틴시대 이후 드물게 나타나지만, 완전한 반원형 부채꼴 평면은 유럽에서도 매우 드문 형태로

반원형 평면의 성당건축 사례

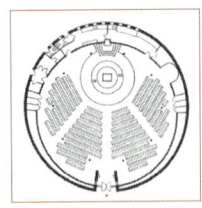
성 아그네스성당
(아일랜드, 1965)

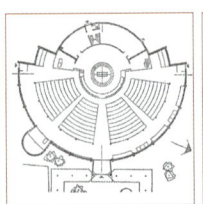
성 앤드류성당
(독일, 1957)

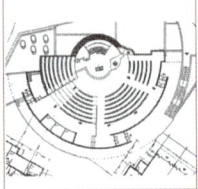
성 후루멘치오성당
(이태리, 1984)

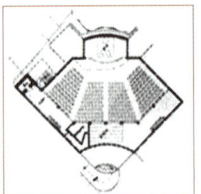
범일동성당
(부산, 1965)

1960년대 이후에야 나타나며 국내에서는 소양로성당이 유일한 사례이다. 부 야고보 신부-제임스 버클리James Buckley-는 1950년 대희년 때 로마에서 보고 감명받은 반달 모양의 성당을 모방하여 본 성당 건물을 구상하였다. 성당 뒤가 가파른 언덕으로 여유가 없었던 대지조건이었기에 설계한 것이었지만, 제단이 돌출하지 않고 반원 형태 내에서 모든 기능을 수용·완결한 형태는 그 사례를 찾기 힘들 정도로 희소가치가 있다.

건물을 사용하면서 제단 뒷벽에는 커튼을 쳐 원형 창으로부터 들어오는 빛을 차단하기도 하였다. 제2차 바티칸공의회 이후 제대는 벽에 붙은 감실 제대로부터 앞으로 나오는 독립 제대로 바뀌었다. 1990년대에는 제단 뒷 커튼이 철거되고, 기존의 양 원기둥과 아치를 살리고 제단 뒷벽을 약간 뒤로 물려서 모자이크로 장식하였으며 2층 성가대석도 철거되었다.

2005년 등록문화재로 지정되면서 국가의 지원을 받아 보수·복원공사가 이루어져 현재의 모습을 갖추었다. 문화재로서 소양로성당의 가치를 평가하면 다음과 같다.

첫째, 1950년대 한국 성당건축의 일반적 경향과 달리 성곽형 형태와 양식적 절충을 탈피한 모던한 교회건축물로서 내부 기능과 구조를 솔직하게 표현하고 있다.

둘째, 제2차 바티칸공의회의 전례정신-평신도의 능동적이고 적극적인 전례 참여-을 시대에 앞서 반영한 건물로 성당의 입지를 잘 고려한 합리적인 건축물이다.

셋째, 구조, 형태 및 재료 등 원형을 거의 그대로 보존하고 있다.

넷째, 몇몇 근대적인 건축물 가운데 종교건축물로는 시기적으로 제일 앞서는 건물이다. 근대문화유산의 보호제도인 등록문화재는 근·현대시기, 즉 '개화기'를 기점으로 50년 이전까지 만들어진 것이 주요 대상이다. 여기에는 진정한 의미의 '근대건축'뿐만 아니라 서양 중세양식, 고전양식, 절충식 등 다양한 건축양식이 포함된다. 오히려 '근대성'을 지닌 건물은 많지 않다.

　다섯째, 소양로 천주교회는 건축적 가치뿐 아니라 양떼를 지키기 위해 목숨을 내놓은 '벽안碧眼의 선교사'의 순교 혼이 서려 있다. 민족 분단의 아픔과 궁핍했던 시절의 신앙을 느끼고 배울 수 있는 교육 장소로서의 가치도 함께 지니고 있다.

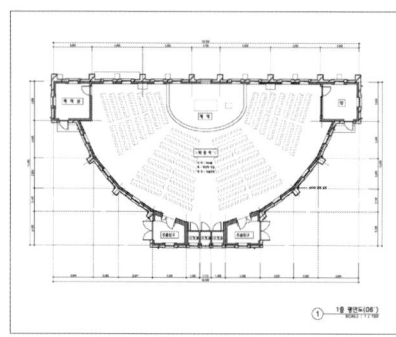

평면도

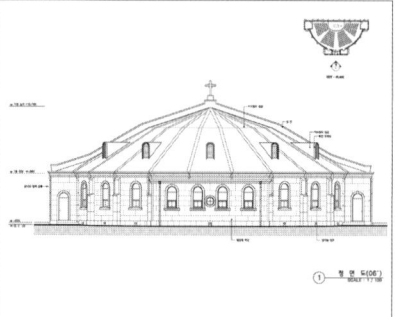

정면도

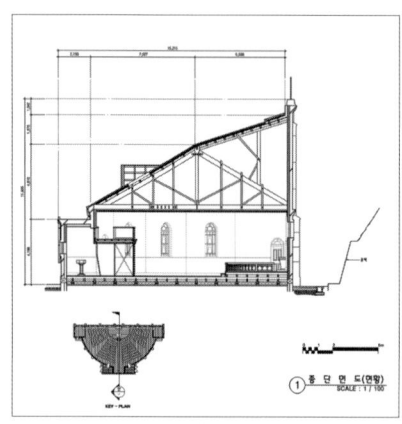

종단면도

소양로성당 성가대석 및 세례대

내면성당

위치	강원도 홍천군 내면 창촌로 13-7
주보	성 이시도르
설립년도	1998
건축년도	2010
층수	지하 1층, 지상 2층
구조	철근콘크리트조+조적조+흙다짐벽
연면적	938.22㎡
설계	신근식

내면성당은 1959년 한국에 파견 중이었던 미국인 신부 야고보와 그의 친구들이 모은 성금으로 지은 성당이다. 지금 세대는 상상하기도 쉽지 않은 가난과 어려움 속에서 이곳 신자들과 함께해 온 반세기를 의식하면, 이 땅이 지닌 역사성은 건축가의 어깨를 짓누르는 부담스러운 과제였다. 지난 반세기 동안 필요에 따른 무수한 개·보수, 주변 경관을 해치는 가설 건물, 지은 지 5년 만에 붕괴 직전까지 간 사제관 등으로 인해 성당을 제외한 이 땅은 이미 균형과 질서가 무너져 있었다. 그래서 역사를 기반에 두고 미래의 발전 방향을 고려한, 새로운 질서와 균형을 재정립해야만 했다.

내면성당 전경

희망 그리고 꿈

기존 성당의 위치에 잔디광장을 조성하고 종탑을 보존하여 기억의 마당을 만들었다. 그리고 기존의 제단 위치에 방향만 바꾸어 새로이 성전을 배치하였다. 사제관과 교육관은 사용 빈도수를 고려하여 두 개의 동으로 나누고, 에너지 효율을 극대화한 패시브하우스 개념을 적용하였다. 한 달에 150만 원씩 들어가는 난방비를 시골 성당 신자들이 어떻게 감당한단 말인가. 에너지 절약형 건물은 신자들의 소망이자 꿈이었다. 흙을 이용한 패시브하우스, 이것은 또 한편 우리의 꿈이기도 하였다.

건물을 세 동으로 나누니, 마당은 각각 주변의 아름다운 경관들과 어울려 개성 있게 변화했다. 사계절뿐 아니라 하루하루의 변화를 알려 주는 석화산은 사제관과 교육관 사이 마당으로 내려오고, 대지 북서쪽의

위에서 본 내면성당

솔숲은 신자들의 친교 마당과 관계를 맺는다. 남측의 잣나무숲은 물론 처음부터 성전과 같이해 왔던 상징성 그 자체였다. 기존 성당과 신축 성당이 만들어내는 역사의 축, 그리고 새 성전 입구에서부터 교육관과 사제관을 가로질러 북쪽 텃밭으로 이어지는 미래의 축이 영성과 피정의 장소를 꿈꾸도록 배치했다.

열정

너무나 좋은 흙을 쉽게 구했다. 신부님이 근처 객토장을 통해 소개한 흙은 10여 년 동안 흙다짐벽 공사를 해 오면서 볼 수 없었던 참으로 좋은 흙이었다. 완벽한 입도비와 색상은 거대한 흙벽을 만드는 데 손색이 없었다. 예상보다 훨씬 많이 나온 공사비를 줄이기 위해, 결국 본인이 직접 학생들을 데리고 현장으로 나섰다. 5년 만이었다. 앞으로 닥칠 고생을 생각하니 현장으로 가는 길이 마치 군대에서 첫 휴가를 나왔다가 복귀하는, 딱 그 심정이었다. 경비를 절감하기 위해 대형 장비와 기계가 아닌 인력으로 대신하고, 학생들을 가르치며 삽을 잡고 흙을 다졌다. 교수를 잘못 만난 죄로 2개월 간 현장에서 힘든 내색 없이 묵묵히 따라 준 제자들에게 다시 한번 고마움을 느낀다.

그렇게 국내에선 가장 높은 흙다짐벽인 종탑 부위(11.9m)를 끝냈을 때는 스스로 밀려오는 감동을 주체할 수 없었다. 이렇게 흙다짐 공사비를 종전보다 약 40% 줄여 전체 공사비를 낮췄다. 잦은 비와 어쩔 수 없는 지하층 설계 변경 등 악재는 끊임이 없었지만, 우여곡절 끝에 제대로 자리 잡은 흙벽과 콘크리트구조 벽의 골조가 제 모습을 드러냈다. 설계 당시 고민하고 기대했던 공간들이 훨씬 더 아름답고 감동적인 모습으로 나타났고, 그간의 고생이 썰물처럼 사라져 버렸다. 그리고 감동과 감사만이 남았다.

시련 그리고 고난

언젠가 한 건축가가 쓴 글이 기억난다. "건축가는 프로젝트를 시작하면서 희망을 꿈꾸며 행복하게 기본 계획을 잡고, 고통과 번뇌 속에서 실시 설계를 하고, 시공감리를 하면 있는 대로 속은 다 썩어 버리고, 결국 모든 것을 다 잃은 채 건축주에게 키를 넘겨준다…." 마감을 시작하면서 슬슬 문제가 생기기 시작했다. '진료는 의사에게, 약은 약사에게', 이 슬로건으로 의약 분업이 제대로 정착되었다면 우리 건축계도 이런 운동을 해야 하지 않을까. '건축은 건축가에게'가 간절한 소망이다. 그리고 가장 우려했던 예산 문제, 여유를 가지고 시작을 해도 마지막에는 늘 추가 공사금이 생기는 것이 현실인데, 애초부터 예산을 너무 줄이고 시작하다 보니 시공사는 시공사대로, 건축주는 건축주대로 힘든 상황이었다. 이런 상황에서 설계자 입장에서 무작정 디자인만 강조할 수는 없었다. 결국 애초에 의도했던 부분들을 많이 바꿔 공사를 마무리했다. 특히 지난겨울, 혹독한 추위 속에서 관리 부실로 인한 부분적인 흙벽의 손상은 차마 눈 뜨고 볼 수 없는 참혹한 광경이었다.

회한 그리고 미완의 꿈

내면성당 프로젝트는 멋진 땅과 좋은 건축주로 시작했다. 2년 동안의 설계, 지난 여름날의 땀과 함께한 현장생활, 그리고 의무감을 넘어선 정의감으로 해 온 감리 등 모든 기억들이 한 편의 영화처럼 스쳐 지나간다. 이번 프로젝트를 통해 좋은 건축을 하나 남기는 것이 얼마나 어렵고 힘든 일인지 실감했다. 최선을 다했다는 것으로는 만족하기가 쉽지 않았다. 2007년 겨울, 이 땅을 처음 보았을 때 느꼈던 감동이 남아 있기에 더욱 그랬다.

건축은 나무 한 그루를 심는 것과 같다. 좋은 양기의 땅에, 환경과 기후에 맞는 건강한 묘목을 심어 정성껏 가꾸는 것이다. 그래서 가지가 자라고 잎이 뻗어 큰 나무가 되면 마침내 숲의 일부로 조화를 이루어 나가는 것이다. 비록 심는 과정에서 다소 상처가 났지만, 이 땅에 제대로 뿌리를 내려 잘 자라 주기를 간절히 바란다. 생명력 있는 건축으로 이 땅에 살아갈 10년, 20년 뒤에는 주변의 환경과 조화를 이루는 좋은 건축물로 남기를 기도해 본다.

내면성당 실내

내면성당 실내

내면성당 입구

내면성당 제단

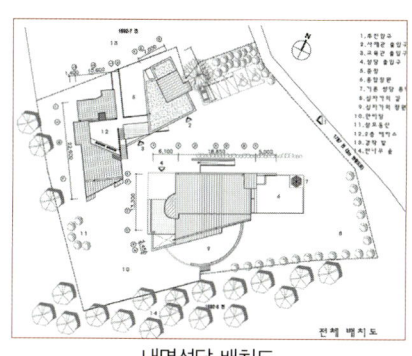

내면성당 배치도

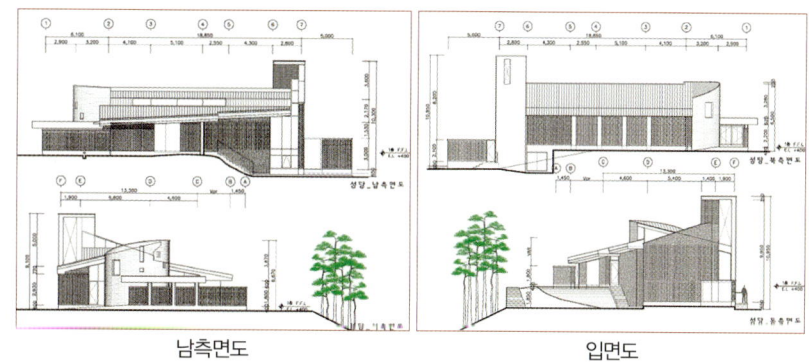

남측면도

입면도

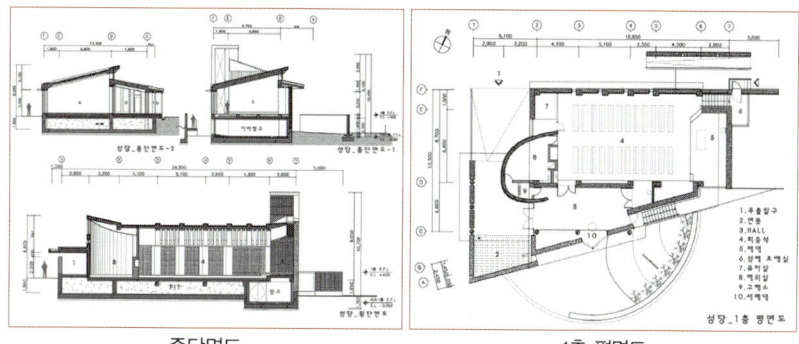

종단면도

1층 평면도

솔모루성당

위치	경기도 포천시 소흘읍 송우로 106
주보	그리스도의 성체 성혈
설립년도	1994
건축년도	2011(축성)
층수	지하 1층, 지상 4층
구조	철근콘크리트조+조적조+흙다짐벽
연면적	2,484㎡
설계	김창수

1994년 포천성당 송우리공소에서 본당으로 승격된 송우리본당은 2005년에 솔모루본당으로 이름이 바뀌었다. 이후 공소 시절부터 사용해 오던 부지의 어려운 여건과 건물의 노후화를 고려하여 외곽에 새로운 부지를 구입하여 새 성전을 건축하게 되었다. 2010년 3월 13일 장익 주교님 주례로 기공식을 거행하였고 연말에 완공되어 성당을 이전하였다. 이듬해 1월 9일 후임 교구장 김운회 주교님에 의해서 축성되었다.

사각형 마당에 면한 1층에 강당, 회합실, 사무실 등으로 구성된 기단을 형성하고, 그 위에 성당과 사제관이 좌우에 배치된 형태이다. 마당 쪽으로 뻗어 나온 성당 매스 좌우로 수녀원과 사제관 매스를 분리하여 배치하였으며, 마당에서는 수녀원이 보이지 않도록 하였다. 사제관과 수녀원 각각 별도의 출입구로 독립적으로 출입할 수 있고 실내로도 직접 연

도로변에서 본 솔모루성당

결된다. 외관은 박공지붕의 단순한 형태로 처리하였으며, 실내 공간도 외형을 그대로 반영하였다. 성당 상부 고창에는 목재 루버를 설치하여 충분한 채광과 동시에 빛의 반사와 적절한 조절이 가능하도록 설계하였다. 좌우의 벽체는 단순한 재료로 처리하고 창을 눈높이에서 수평으로 처리하여 '십자가의 길' 14처가 돋보이게 하였다.

솔모루성당 실내

솔모루성당 마당

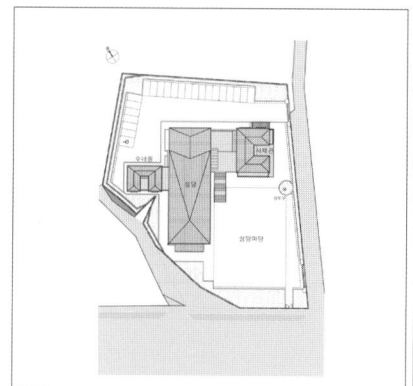

솔모루성당 배치도

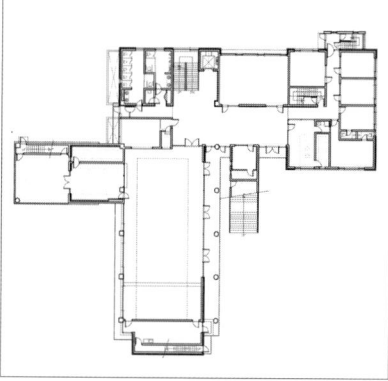

1층 평면도

2층 평면도
3층 평면도

입면도
단면도

한삶의 집

위치	강원도 춘천시 동내면 외솔길 19번길 45
건축년도	2011(축성)
층수	지하 1층, 지상 3층
구조	철근콘크리트조
연면적	2,160㎡
설계	김창수

2010년 3월 15일 장익 주교님 주례로 기공식을 거행한 아우름 유치원·한삶의 집(후일 춘천교구 사회복지회로 변경)은 이듬해 9월 28일 후임 교구장 김운회 주교님에 의해서 축성되었다. 처음 건물을 지을 때는 인근 아파트 주민을 위한 유치원과 지역의 다문화 및 새터민 가정 지원센터, 그리고 이를 운영하는 수녀님들을 위한 수녀원 등 3가지 기능을 할 수 있는 건물로 계획하였다. 이름은 장익 주교님에 의해 '아우름 유치원·한삶의 집'으로 명명되었다. 건물을 지은 후 부지의 도시계획 문제로 유치원 설립 허가를 받지 못하여 끝내 유치원을 개원할 수 없었던 점이 큰 아쉬움으로 남았다.

건축 부지는 춘천시 외곽 아파트 단지 끝자락의 숲과 맞닿은 땅으로, 뒤쪽의 언덕 위로 거두리성당과 인접하게 자리 잡았다. 공간 효율상 유치원과 다문화·새터민센터에서 공동으로 사용하는 강당을 부지 가운데 배치했다. 강당 좌우에 각각 마당을 만들어 유치원과 다문화센터에서 독

한삶의 집 전경

한삶의 집 측면

한삶의 집 강당

도서실

유치원 마당

다문화 마당

립적으로 이용할 수 있도록 하였다. 전면 도로변에 이들을 연결하는 동선공간과 열린 도서실 등 공용공간을 배치하였다.

전면 도로 쪽 출입구와 마당의 높이 차를 경사로 이어 주면서 도서실 공간을 스탠드형으로 계획하여 소규모 발표회나 모임이 가능하도록 만들었다. 유치원 건물 3층에 위치한 수녀원은 경사진 측면 도로의 높은 쪽에 별도의 출입구를 만들어 독립적으로 진출입이 가능하도록 하였고 부지 뒤편 거두리성당에도 편리하게 드나들 수 있다.

건물의 외장은 여섯 종류의 색상과 질감이 다른 점토벽돌을 정해진 비율에 따라 무작위로 섞어서 쌓았다. 이는 피부색이나 문화의 차이에도 불구하고 다양한 개개인이 어우러져 조화롭게 하나 되는 다문화의 정신을 표현하고자 하였다.

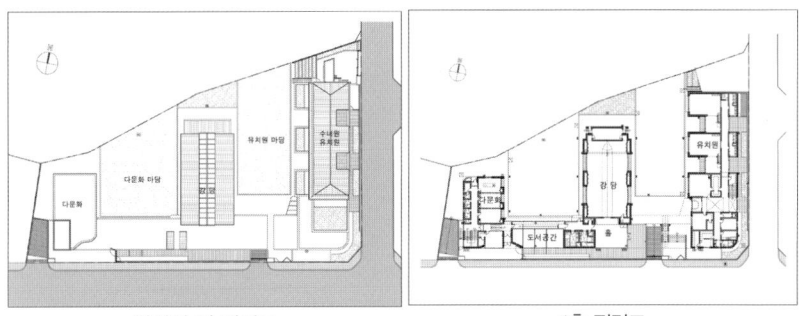

한삶의 집 배치도 · 1층 평면도

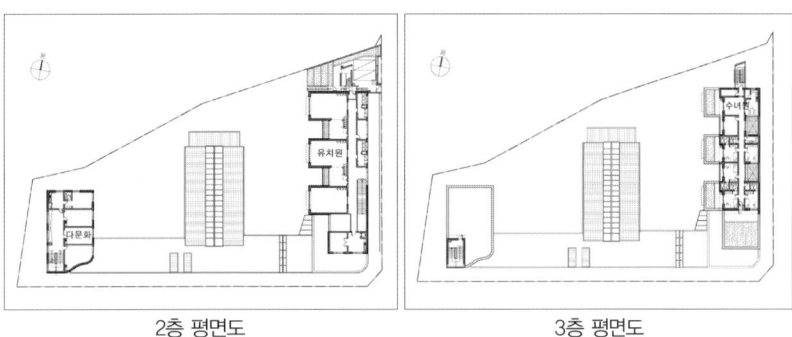

2층 평면도 · 3층 평면도

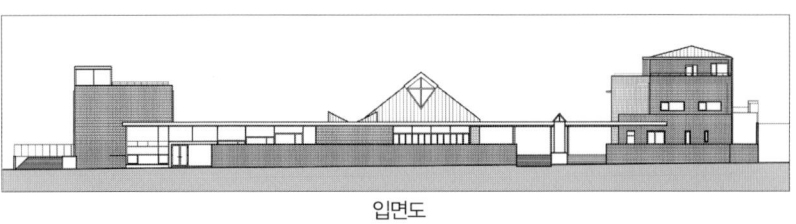

입면도

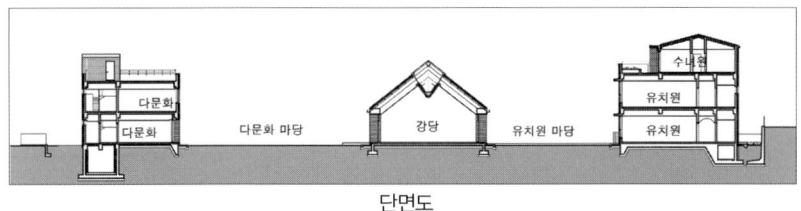

단면도

거두리성당

위치	강원도 춘천시 동내면 외솔길 19번길 49-3
주보	성 빈첸시오 드 폴
설립년도	2006
건축년도	2013(축성)
층수	지하 1층 지상 3층
구조	철근콘크리트조+글루램 지붕구조
연면적	2,133㎡
설계	김정신

비교적 높은 언덕 위에 동서축의 성당과 남북축의 사제관이 'ㄱ'자 형태로 연결된 건물이다. 대성당은 제단으로부터 신자석이 진입구(마을)를 향해 약간 벌어진 사다리꼴 형태이며, 완만한 아치 천장과 경사지붕 역시 진입구 쪽으로 점차적으로 올라간다. 진입구(정문)에서부터 본 성당과 사제관의 마당 레벨이 약 12m 차이가 나기 때문에 'S'자 형태로 돌아 들어가는 진입로(폭 6~8m, 길이 110m)를 오르다 보면 다양한 시퀀스sequence를 만날 수 있다. 원래 외벽은 모두 적벽돌 조적으로 계획했으나, 애초 설계된 전면벽 내쌓기가 공사 비용 문제로 이루어지지 못하고 화강석 판재로 마감할 수밖에 없었다. 진입 시 의도했던 성당건축물의 다이나믹한 모습은 끝내 살리지 못한 아쉬움이 남는 건물이다.

　제단의 높은 경사진 벽에는 고창이 뚫려 있다. 구조가 바로 마감이

위에서 본 거두리성당

되는 글루램 목조천장과 회색 벽돌로 된 성당의 내부 공간은 평면 및 내부 벽체가 3개의 부분으로 분절된다. 위로부터 천장 바로 아래 수평띠창의 클리어스토리, 가운데 십자가가 걸려 있는 진회색 벽, 아래 단위 경간마다 2개씩의 프로젝트창이 뚫린 아케이드로 되어 있다.

성당의 문을 열고 들어서면 세례당과 고백소가 보이고, 90도 꺾으면 신자석과 제단을 볼 수 있다. 나르텍스-주랑(신자석)-제단의 배열, 주랑 좌우의 측랑으로 된 삼랑식 배열, 그리고 아케이드-트리포리움-클리어스토리로 분절된 3층 벽면 구성 등이 중세 고딕 대성당의 3부 구성과 유사하다. 대성당 문을 열면 제단이 보이지 않고, 세례당과 좌우의 고백소를 통해 비로소 성당 내진chancel과 신자석nave에 접근하도록 배치한 이유는 대성당 입구홀을 축소한 대신 세례당과 고백소를 강조하고 대성당 내부의 전면 경관을 확보하기 위함이었다.

스테인드글라스를 담당했던 마르크 수사는 골조공사 단계에서부터 본당신부로부터 초대를 받고 참여하였으며 신부, 설계자와 수차 논의하고 밑그림을 보완해 가면서 구상하였다. 건축 내부 형태와 주변 자연으로부터 창 유리화의 납선을 찾고, 그 선에 대응한 밑그림과 빛의 조절을 위해 색유리의 색상과 빛의 강도 등을 색연필로 그려 가며 현장에서 논의하였다.

그 결과 수렴한 주요 콘셉트는 첫째, 주변 자연의 숲, 나뭇가지, 잎, 그리고 멀리 보이는 아파트의 실루엣을 내부 공간으로 끌어들일 수 있도록 투과성이 높은 엔티크글라스를 사용하였다. 둘째, 내부 벽면이 짙은 회색임을 감안하여 연색성과 향을 고려하여 우측 북쪽 창은 갈색, 좌측 남쪽 창은 청색을 주조로 하였다. 셋째, 직사광이 강한 성가대석 뒤 배면의 십자창은 빛의 심도가 깊은 달드베르dalles de verre로 차분한 분위기를 유도하였다.

성당 왼편에 연결된 3층 규모의 사제관은 1층을 필로티로 처리하여 우천 시 외에도 마당 면적을 확장해 다양한 행사를 수용할 수 있게 하였다. 주임신부 공간(2층)과 보좌 및 손님 신부방(3층)을 바로 성당 제의실과 연결하여 기능과 관리의 편의성을 도모하였다.

거두리성당 전경

거두리성당 고해소홀 스테인드글라스 창

거두리성당 실내

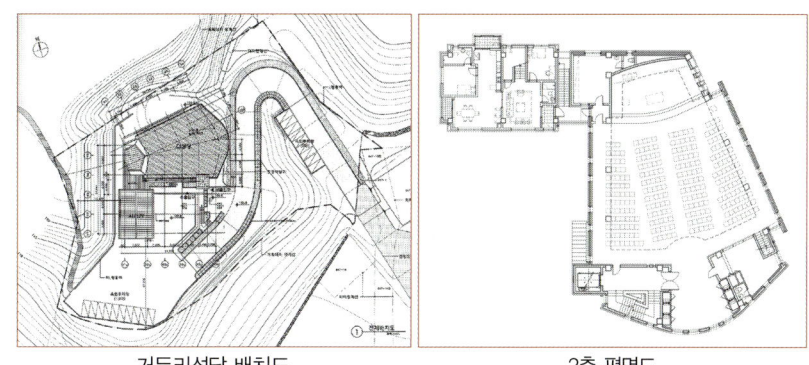

거두리성당 배치도   2층 평면도

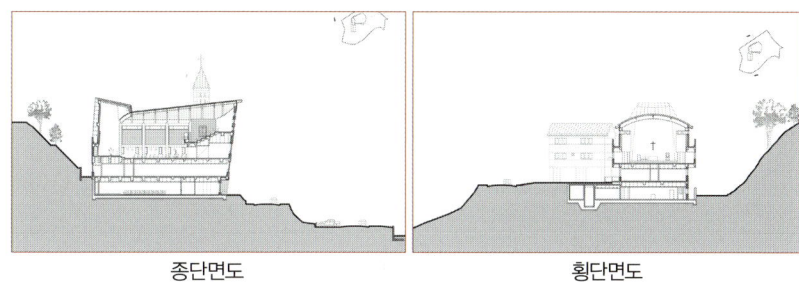

종단면도   횡단면도

거두리성당 모델링

부록

춘천교구 인장 소개
춘천교구 문장 뜻풀이
장익 주교 약력
장익 주교 전례·건축·미술 관련 역·저서

춘천교구 인장 소개

주님의 모든 업적들아, 주님을 찬미하라
산과 언덕들아, 주님을 찬미하라
바다와 강들아, 주님을 찬미하라
사람의 자녀들아, 주님을 찬미하라

- 다니엘 3,57.75.78.85

주교 문장　　　　　교구 문장　　　　　교구 문장 문진

금수강산이라는 우리나라에서 가장 아름다운 자연 속에서 유난히 마음씨 좋은 사람들이 모여 살도록 각별한 은혜를 베푸신 주님을 늘 찬미하자는 뜻을 담은 인장입니다.

산과 강과 바다를 그린 가운데 부분은 전각가 고암古菴 정병례鄭昞例 선생이 상형고자象形古字를 석각한 것이고, 그 아래 우리말로 적은 교구명은 서예가 경후景侯 김단희金端喜 선생의 글씨이며, 삼면을 두른 '춘천교구인'이라는 뜻의 라틴자는 바우하우스Bauhaus체로 되어 있습니다.

장익 주교의 기본 구상과 자료 제공을 가지고 디자이너 이귀련李貴蓮 씨가 도안의 배치를 완성하였습니다.

- 『장익 주교 문장 뜻풀이』, 1994.12.14.

춘천교구 문장 뜻풀이

"이 사람들을 지켜 주십시오.
그리고 아버지와 내가 하나인 것처럼
이 사람들도 하나 되게 하여 주십시오" (요한 17,11)

제자들의 발을 씻어 주시고 최후만찬을 함께 하신 다음
예수님께서 아버지께 바치신 저 간절한 기원의 말씀입니다.

하늘과 땅, 사람과 사람을 하나 되게 하고자
당신 자신을 비우시고 "우리와 똑같은 인간이 되신" (필립비 2,7)
표어와 문장은 주님의 지극한 염원을 나타내려는 것입니다.

투박하고 어두운 땅의 붉은 흙, 그러나
하늘의 불길이 와 닿으면 안에 품었던
순금을 새 땅에 맑게 빛내는 흙 (묵시록 21,18).

우리 동양에서는 예로부터 하늘을 동그라미로 땅을 네모꼴로,
그리고 둘의 결합을 우주의 하나 됨으로 보아 왔습니다.
창조의 이 조화는 우리를 하느님 생명으로 이끄시는
주 예수 그리스도 안에서 완성됩니다.

한 분이신 주님과 성령으로 한 몸을 이루도록 (에페소 4,4-6)
사랑으로 불리운 우리 임을 늘 마음에 새기고 살려는 표시입니다.

장익 주교 약력

1933. 11.	서울 익선동 166의 53에서 출생
1937. 08.	명륜동 1가 36의 1에 가옥 신축하고 이거(현 등록문화재 제357호)
1940. 04.	창경초등학교 입학, 6학년 때 '혜화'로 전입
1942. 05.	혜화동성당에서 견진
1946. 06.	혜화초등학교 졸업, 경기중학교 입학(9.2)
1950. 06.	부산으로 피난
1950. 11.	도미
1951. 03.	미국 베나드 스쿨Venard School, Clark's Summit, PA 입학
1952. 06.	베나드 스쿨 졸업
1952. 09.	메리놀 주니어대학교Maryknoll Junior College, Lakewood, NJ 2학년에 입학
1954. 09.	메리놀 신학대학Maryknoll Seminary, Glen Ellyn, IL. 철학과 입학
1956. 06.	글렌 엘렌 메리놀 신학대학Glen Ellyn Maryknoll Seminary 졸업, AB.
1956. 09.	벨기에로 건너가 루뱅대학교Louvain University의 레오 13세 Leo XIII 신학교 입학
1959. 06.	루뱅대학 철학과정 수료하고 오스트리아 인스부르크Innsbruck 대학 신학부에 입학
1963. 02.	차次 부제서품, 정正 부제서품-신학교 카니시아눔Collegium Canisanum, Innsbruck, Austria
1963. 03.	인스부르크Innsbruck, Austria에서 사제서품

1963. 07.	인스부르크대학 신학 석사
1963. 09.	루뱅대학교에서 연구
1967. 04.	대방동성당의 보좌신부
1967. 08.	서울대교구장 비서
1970. 01.	서울대교구 정릉 주임사제
1973. 08~1993. 09.	서강대학교 강사, 부교수
1974. 03~1975. 03.	국립대만대학 대학원 중문계 수학
1976. 01.	서울대교구 비서실장 및 공보실장
1977. 01.	서강대학교 신학연구소 연구원
1980. 10.	로마 그레고리안대학교 철학대학원 박사과정 이수
1984. 10.	103위 시성식을 위해 방한한 교황 요한 바오로 2세에게 한국어 교수
1986. 08~1990. 09.	서울대교구 사목연구실장
1988. 10.	교황청 특사로 평양 방문
1990. 09~1994. 11.	서울대교구 세종로성당 주임사제
1993. 09~1996. 01.	가톨릭대학교 부교수
1994. 12.	주교서품. 춘천교구 6대 주교로 착좌
1995. 03.	주교회의 문화위원회 위원장
1995. 08.	사회복지재단 김남호 복지재단 이사
1995. 10.	2000년 대희년 주교특별위원회 위원 겸 교황청 대희년 중앙위원회 한국 대의원
1995. 12.	교황청 종교간대화평의회PCID 위원
1996. 10.	한국천주교주교회의 성서위원회 위원장
1996. 10.	가톨릭성서연합CBF 집행위원회 위원(아시아-오세아니아 지역 대표)
1997. 10.	민족화해주교특별위원회 위원
1999. 10.	주교회의상임위원회 위원
2000. 03.	동아시아사목연수원EAPI 이사

2000. 05.	한림대학교 명예 철학박사
2001. 08.	사회복지재단 김남호 복지재단 이사장
2001. 12.	사단법인 운석기념회 이사
2002. 10.	한국천주교주교회의 총무 겸 사단법인 한국천주교중앙위원회 상임이사
2002. 11.	한국천주교용어위원회 위원장
2005. 03.	한일주교교류회 추진위원 위촉
2005. 10.	민족화해주교특별위원회 위원장
2005. 11.	함흥교구장 서리
2005. 12.	DMZ 평화대상 수상
2006. 03.	학교법인 일송학원 이사
2006. 05.	대통령 통일고문회의 고문
2006. 10.	한국천주교주교회의 의장
2010. 01. 28.	천주교 춘천교구 주교 사임
2010. 01. 28~2010. 03. 25.	천주교 춘천교구장 서리
2020. 08. 05.	선종

장익 주교 전례·건축·미술 관련 역·저서

저서(19권)

- 『예수의 길』, 장익, 분도출판사, 2013.
- 『미사해설』, 성염·장익 공저, 한국천주교중앙협의회, 1975.
- 『사목별책』 1, 한국천주교중앙협의회, 1973.
- 『요나야 요나야』(마음에 새긴 성경 이야기 1), 들숨날숨, 2014.
- 『토빗 이야기』(마음에 새긴 성경 이야기 2), 들숨날숨, 2014.
- 『요셉』(마음에 새긴 성경 이야기 3), 들숨날숨, 2014.
- 『비유의 물음』(마음에 새긴 성경 이야기 4), 들숨날숨, 2014.
- 『부르심』(마음에 새긴 성경 이야기 5), 들숨날숨, 2014.
- 『성경의 여인들』(마음에 새긴 성경 이야기 6), 들숨날숨, 2016.
- 『엘리야 그는 누구인가』(마음에 새긴 성경 이야기 7), 들숨날숨, 2016.
- 『창세기』(마음에 새긴 성경 이야기 8), 들숨날숨, 2017.
- 『왼손이 모르게』(마음에 새긴 성경 이야기 9), 들숨날숨, 2017.
- 『잔치』(마음에 새긴 성경 이야기 10), 들숨날숨, 2018.
- 『폭력』, 장익, 분도출판사, 2000.
- 『신부열전 1-아! 신학교 잘못 왔구나』, 장익 등 공저, 흰물결, 2011.
- 『불교 유식학 강의』, 장익, 정우서적, 2012.
- 『마음과 모습-종교미술의 이모저모를 물으며』, 한국가톨릭미술가협회, 2005.
- 『찬미의 열매』, 기쁜소식, 2008.

- 『주님의 집, 우리의 집-일흔 돌 춘천교구의 새 모습』, 천주교 춘천교구, 2010.

역서(15권)
- 라인홀트 슈테혀, 『이 사람은 누구인가』, 분도출판사, 2018.
- 요제프 라칭거 저, 『그리스도 신앙』(어제와 오늘), 분도출판사, 2007.
- 까를로 까렛도, 『프란치스코 저는』, 분도출판사, 2004.
- 칼라너, 『일상(日常)-인상』, 분도출판사, 2003.
- 마르틴 부버, 『인간의 길』, 분도출판사, 1997.
- 러끌레르끄, 『게으름의 찬양』, 분도출판사, 2000.
- 로마노 과르디니, 『거룩한 표징들』, 분도출판사, 1976.
- 한스 큉, 『세속 안에서의 자유』, 분도출판사, 2007.
- 미셸 크리스티안스, 『성서의 상징』, 분도출판사, 2002.
- 게르하르트 폰랏, 『아브라함의 제사』, 분도출판사, 1998.
- 알베르트 돈대인, 『세상에 열린 신앙』(신학총서 14), 분도출판사, 1977.
- 그레사케 외 14명, 장익 외 5명 역, 『현대 신학 동향』, 분도출판사, 1976.
- 베네딕토 16세, 『사랑의 성사』, 한국천주교주교회의, 2008.
- 솔제니친, 『우리는 죽지 않을테니』, 분도출판사, 1990.
- 묵상-김수환, 『십자가의 길』, 가톨릭출판사, 2000.